高校网球训练方法

赵婷婷 著

吉林科学技术出版社

图书在版编目（CIP）数据

高校网球训练方法 / 赵婷婷著. -- 长春：吉林科学技术出版社, 2022.8
ISBN 978-7-5578-9456-6

Ⅰ.①高… Ⅱ.①赵… Ⅲ.①网球运动－运动训练－高等学校 Ⅳ.①G845.2

中国版本图书馆 CIP 数据核字(2022)第 116004 号

高校网球训练方法

著	赵婷婷
出 版 人	宛 霞
责任编辑	王丽新
封面设计	正思工作室
制 版	北京荣玉印刷有限公司
幅面尺寸	185mm×260mm
字 数	163千字
印 张	7.25
印 数	1-1500册
版 次	2022年8月第1版
印 次	2023年4月第1次印刷
出 版	吉林科学技术出版社
发 行	吉林科学技术出版社
地 址	长春市福祉大路5788号
邮 编	130118
发行部电话/传真	0431-81629529 81629530 81629531
	81629532 81629533 81629534
储运部电话	0431-86059116
编辑部电话	0431-81629518
印 刷	三河市嵩川印刷有限公司
书 号	ISBN 978-7-5578-9456-6
定 价	44.00 元

版权所有 翻印必究 举报电话：0431-81629508

前　言
PREFACE

　　网球运动由网球游戏逐渐发展而来，是一项魅力十足的运动。近年来，世界网球运动迅速发展，网球运动在世界范围内的影响力逐渐增加，尤其是四大满贯赛事，广为人们所熟知。与此同时，随着我国社会主义现代化建设的进行，我国的社会经济发展水平快速提高，人们的体育需求不断增加，这为网球运动在我国的发展提供了契机。

　　网球运动作为一项高雅的运动项目，近年来在我国得到了快速的发展。网球运动能够在我国民众中普及和发展，要得益于网球运动员李娜的出色表现，正是由于她两夺"大满贯"，激发了人们对于网球运动空前的热情。近年来，我国举办了中国网球公开赛、上海大师赛和武汉网球公开赛等顶级网球赛事，不仅提升了我国网球运动在国际上的知名度，更加促进了大众对于网球运动的兴趣。如今，很多高校都开设了网球课程，各地也陆续修建了网球运动场馆，各种形式的网球运动培训学校逐年增多。总体来看，我国网球运动发展火热，青少年参与网球运动的积极性较高。

　　我国的网球运动起步晚，初期发展缓慢，借助国际赛事中国网球运动员的杰出表现，迎来了中国网球发展的机遇期。伴随着网球运动在我国的蓬勃发展，网球产品制造业得以兴盛。网球产品制造业规模和产量的扩大，形成了我国的网球产业经济链条。

　　本书共有六章。第一章为导论部分，主要介绍了网球运动的起源、特点、功能以及其他形式的网球运动，也对研究目的和意义以及研究内容和方法等进行了阐述。第二章对网球相关概念进行了界定，介绍了我国网球运动发展、网球运动主要组织机构、重要赛事、体育产业以及网球产业等相关概念。第三章对网球产业发展现状进行了分析，进行了国内和国外网球产业发展状况研究。第四章对我国网球产业消费进行了分析，介绍了体育消费的概念和功能，我国网球产业消费增长的经济基础，我国网球消费的种类、特征以及我国网球产业消费趋势。第五章阐述我国网球产业发展面临的主要问题，从网球产业系统管理体制、产业人才、网球产业消费和网球市场四个方面来进行阐述。针对网球产业存在的问题，在第六章分别提出了相应的对策。

　　在撰写本书时，参考了多位专家学者的著作，在此一并表示感谢。由于作者时间和能力有限，书中如有不当之处，敬请读者批评指正。

目 录 CONTENTS

第1章 导论 ·· 1
    1.1 研究背景 ·· 1
    1.2 研究目的和意义 ·· 11
    1.3 研究内容和方法 ·· 12

第2章 相关概念界定及理论基础部分 ·································· 15
    2.1 我国网球运动发展 ·· 15
    2.2 体育产业概念 ·· 43
    2.3 网球产业概念界定及分类 ··· 54

第3章 网球产业发展现状分析 ··· 59
    3.1 国内网球产业发展状况研究 ··· 59
    3.2 国外网球产业发展状况研究 ··· 63

第4章 我国网球产业消费简要分析 ···································· 69
    4.1 体育消费的概念和功能 ··· 69
    4.2 我国网球产业消费增长的经济基础 ·································· 73
    4.3 我国网球消费的种类和特征 ··· 76
    4.4 我国网球产业消费趋势分析 ··· 77

第5章　我国网球产业发展面临的主要问题 ……………………………… 81
　　5.1　我国网球产业系统管理体制存在的主要问题 ………………………… 81
　　5.2　产业人才存在的问题 …………………………………………………… 85
　　5.3　我国网球产业消费存在的主要问题 …………………………………… 86
　　5.4　我国网球市场存在的主要问题 ………………………………………… 87

第6章　我国网球产业发展对策 ……………………………………………… 89
　　6.1　网球产业系统管理的基本对策 ………………………………………… 89
　　6.2　网球产业人才发展的基本对策 ………………………………………… 91
　　6.3　网球产业消费发展的基本对策 ………………………………………… 99
　　6.4　网球市场发展的基本对策 ……………………………………………… 103

参考文献 ……………………………………………………………………… 109

第1章 导论

1.1 研究背景

网球运动在各个国家都有较高的知名度，目前大满贯比赛被各界人士所重视。探究此项运动的时候，要深入研究相关理论内容，掌握与之相关的基本知识，只有这样才可以全面了解与认知网球运动。所以，本部分重点叙述网球运动的相关理论内容与知识。

1.1.1 网球运动的起源

有关网球运动的开端，目前达成的共识是源自游戏。然而，专家对具体的起源时间和地点存在不同的意见和观点。根据有关数据可知掌球游戏是室内网球的最初形态。网球游戏最初源自希腊、古罗马以及波斯等地区，《简明大不列颠百科全书》中指出，网球运动源自十二三世纪法国的手掌球。

网球游戏方式各不相同，然而都存在明显的共性，只是在不同地区的名字各不相同，比如在澳大利亚被叫作Royal Tennis；在美国就被叫作Court Tennis；在法国被叫作Jeude Paume（Handball）；在英国被叫作Tennis，或被详细的划分成Tennis、Real Tennis或Royal Tennis。

大部分专家指出，网球最初源自法国，所以法国就是网球的最初产生地区。在十二三世纪时期，该国传教士为了丰富娱乐生活，在教堂走廊使用手掌击球，此游戏被叫作"jeudepaume"。此后游戏开始传入宫廷，然而因为其体现出平民化以及大众化特征，不利于贵族的高贵形象，所以被国王所禁止。早期此游戏场地是大厅，球一般使用绳子绑成，场地中间也架起绳子，使用两手充当球拍。

14世纪早期，网球游戏开始变成重要的竞技项目，网球活动得到国王路易十世的喜欢，当时网球比赛盛行。14世纪中期，网球运动开始在英国普通民众中传播和扩散，甚至产生以球聚赌的问题，为了改善赌球风气，国王查理五世发布禁令，不能在城市打球。

14世纪30年代，此游戏开始进入英国，得到爱德华三世的喜爱，甚至在温莎城堡中建设了球场，一直延续到现在。根据有关记载可知"英法百年战争"时期，法国王储向英皇亨利五世发布战表，而上述战表是网球，因此导致阿金库尔战役。但是，网球也因为上述事件传入英国，变成英国贵族群体的重要娱乐游戏，所以被称作"贵族运动"。

16~17世纪是法国以及英国宫廷发展网球游戏的重要阶段。大众开始舍弃用手击球的方式，板拍与球拍随之出现。早期，皇室贵族主要使用介于驾驶以及棒球手套之间的皮制手套，此后，手套开始变成板拍，最终拍板变成羊皮木制球拍。此外，场地中间的绳子，也变得更为复杂。一直到17世纪早期绳帘更改成小方格网子，此外球拍变成穿线类型。随着球拍的持续改变，球也出现了明显的改变。早期的球使用羊毛以及麻材料，相对柔软，因为球拍被设计出来，所以出现相对厚实、使用皮革充填锯屑以及细砂的球。此后设计出穿线球拍，因此大众就使用皮革、棉、麻纠缠起来并在接缝处缝合的球，且参考场地背景，将把球划分成黑、白两个颜色。一直到1845年，使用橡胶制作的网球产生，促使网球运动出现较大的改变。

有关网球的记分制发展历程，历史专家指出其源自法语。积分顺序是15、30、40。早期网球比赛每局4分。4个15是1度，以及4个15度组成1/6个圆一样，以15为基数来统计每一分球的得失，最终45更改成40，主要是便于报分发音的清晰度。

1858年，英国专家哈利·梅姆在伯明翰建设"网球场"，加快初期网球游戏的发展。之后他又在1872年建设莱明顿网球俱乐部，进一步提高了网球项目的知名度。1873年，美国人沃尔特·克洛普顿·温菲尔德优化以及改善了初期的打法，且将其叫作"草地网球"。他也在同时期撰写了《草地网球》书籍，其中全面阐述了运动内容，因此草地网球替代板球变成英国普及度最高的游戏，温菲尔德也被叫作"近代网球之父"。1875年英国的板球俱乐部修改具体的比赛要求以及制度。1877年中期，英国的温布尔登举办首届草地网球锦标赛。此后上述俱乐部将比赛场地确定成长23.77米、宽8.23米的长方形，当时的中央高度是99厘米，每局使用15、30、40等记分方式。1884年英国伦敦的玛丽勒本板球俱乐部将中央高度更改成91.4厘米。此后，当代网球运动随之产生。

在1896年首届奥运会上网球被当作重要的项目之一，此后因为世界奥委会以及网球联会对"业余运动员"概念存在不同意见，国际奥委会取消网球运动参加比赛的资质。1984年在第二十三届洛杉矶奥运会上，网球比赛被当作表演活动。1988年在汉城奥运会上，网球又一次被当作正式项目。20世纪70年代之后，网球运动得到良好的发展，器材制造技术水平持续提高，众多专业运动员得到大众的重视，大众开始观看比赛。

1.1.2 网球运动的特点与功能

1.1.2.1 网球运动发展特点

1. 获得更为广泛的开展和普及

参考有关调查研究结果可知，1990年早期，在世界网联注册的组织只有156个。近期，网球运动在国内得到良好的发展，参加此项运动的人数持续增多。近期，青少年参加网球运动的自主性开始提高，年纪较少的运动员在比赛中得到了较好的成绩，获得大众的关注。现在，在大部分地区都建设了青少年网球培育学校，主要目标是引导青少年参加网球培训以及学习活动，网球运动开始变成备受大众认可的项目。

高规格的网球竞赛得到各界人士的重视以及观看。特别是在近期，我国网球公开赛的筹备促使大众更加深入地了解到网球项目，网球运动逐渐开始在国内众多城市得到良好的发展。

2. 职业化和商业化程度进一步增强

在1968年之前，网球高规格比赛始终拒绝专业选手的参加。在国际网联去除上述要求之后，全球众多高规格网球运动比赛就开始体现出商业特点，目前四大比赛以及各个规格的大奖赛、巡回赛、大满贯以及独资支持的比赛奖金数额都很高。在过高奖金的影响下，专业网球运动员的职业化水平、初期专业培训、初期参赛等持续增多，因此在一定程度上促进网球训练的改革和技术能力的持续提升。

专业网球选手都配备专业经纪人、教练员、体能康复训练师等人员，选手得到的所有成就都和团队有密切的关系，只依赖选手独自奋斗无法获得胜利。比如，国内网球选手李娜，在2014年获得冠军的时候最先感谢经纪人，让她成为拥有物质财富的人，感恩体能师，让她可以维持身体健康，感恩教练对她的认可和鼓励。

目前，网球运动体现出职业化以及商业化特征，选手得到的所有结果都依赖于职业化的团队运营。

3. 多样化的网球竞赛场地开始出现

根据现实情况进行分析，网球运动比赛场地类型较多，不同种类的网球比赛一般使用沥青混凝土涂塑硬场地，球速较高，普遍使用进攻型打法。另外，也包含草地、红土、地毯。英国温布尔登比赛用地是草地，球速以及弹跳规律存在差异，因此跑动步法与调整模式各不相同，因此需要选手体现出较高的适应水平，因此需要选手进一步提高个人技战术能力。

网球场地差异，对选手提出较高的要求，要想在所有场地中自由切换，得到最终的胜利，就需要选手体现出较高的调整能力。比如，纳达尔被叫作红土之王，他在红土地上得到胜利的次数明显更多，他个人技术优势适合红土场地，在其他类型的场地上也许会受到明显的负面影响。

4. 各种攻防技战术水平获得空前提高

网球运动的不同攻防技战术也在持续优化以及改善，技战术能力持续提升。网球运动的双手握拍技术在一定程度上提高了反拍的攻击力，攻击性上旋高球目前变成反拍攻击性上旋高球，防反水平随之提升。双打中的抢网技术、鱼跃截击球技术、用快速起跳高压来应对攻击性上旋高球等全新技术随之产生。发球上网技术在高速场地上的使用，开始促进接发球破网技、战术的进步。双打接发球方的抢网战术不只应用于男双比赛，也开始出现在女双以及混双比赛中，促使不同攻防技、战术都得到明显的发展。

5. 青少年网球运动员进入世界队列，表现出早期成熟特点

根据现实情况进行分析，世界规模庞大的网球比赛开始出现更多的年轻选手，此类选手在比赛的时候也得到了让人侧目的良好成绩。比如，1985年，温布尔登男子单打最终胜利者是德国17岁选手贝克尔；德国选手格拉芙16岁成为知名的网球运动员，1987年积分高于纳芙拉蒂洛娃而变成全新的"网球女皇"；1989年，法网球公开赛男子单打最终获胜者是美籍华人16岁选手张德培，成为当时网坛的爆炸性新闻；此后南斯拉夫16岁选手塞莱斯成为焦点人物，打败其他国家的选手得到1990年法国公开赛的胜利，1991年再次得到澳大利亚以及美国公开赛的胜利，且多次获得法国公开赛冠军，成为全球女子第一名；1997年瑞士16岁选手辛吉斯，不只成为全球女子排名第一，此外也独自得到三个"大满贯"冠军。

1.1.2.2 网球运动的意义和价值

1. 积极而专注的态度

网球运动属于重要的全身性项目，在开始比赛的时候，选手要充分激发以及调动身体不同部位的肌肉以及关节，自主地应对球与对手，要树立良好的心态。专业网球选手需要体现出锐意进取的态度，不断前进，持续奋斗，体现出一定的积极性，假如选手只是被迫地接受训练，那么就无法得到良好的效果。

此外，网球运动要求选手维持较高的专注力，只有用心才可以掌握好技巧。网球运动和其余小球类运动相比有明显的不同。比如，乒乓球、羽毛球等项目，所需要的场地较小，在击球时，一般依靠个人直觉，即便并未接受过训练，也可以在空闲的时候玩乐。网球运动的技术含量很高，假如并未接受过类似的培训，那么个人无法正常打球，甚至无法接触到球。

在打网球时，要保持较高的注意力，要谨慎应对所有的球。特别是在参加比赛的时候，需要运动员保持较高的专注力。

2. 耐心而不懈的毅力

网球运动需要一定的技术，在大众业余休闲的时候，了解主要的打回合的技术是最重要的，不然就无法正常地参与进来，最后也会导致自己失去运动的乐趣。网球运动对身体的协调性以及灵活性有相对高的要求，必须增加训练力度，只有如此才可以提升网球水平。

网球运动的动作技术在不同环节都体现出科学性以及合理性，在不同位置以及来球上，需要我们选择合适的技术进行处理。选手需要自主调节个人身体，且关注力量的调节。在学习以及训练的时候，需要有一定的耐心，不焦躁，感受动作技术的细微内容，了解其根本规律。

对于非专业人员来说，可以自由的挥拍和伙伴打多个回合就是不容易的事情。因此要想学习更高难度的动作，我们也需要持之以恒。大众将网球技能学习划分成三个时期，也就是兴奋时期、痛苦时期以及幸福时期。要想顺利结束上述时期，最后变成专业人员，就需要一直坚持下去。

3. 务实而乐观的精神

在欣赏网球比赛的时候，有时候会惊叹专业运动员的技术。然而，上述专业选手的技术动作经过长久的训练得到。在欣赏网球时，需要根据个人现实情况以及身体素质着手，不能远离现实，夸大目标。必须一步步接受训练，才可以帮助自己提高技术能力。

研究以及学习专业选手是重要的方式，然而单纯的模仿也不能得到最佳效果。其独有的动作技术，是专业球员长久训练的结果，身体协调性以及力量也是普通人所缺少的，因此只进行模仿无法得到良好效果。

在学习网球的时候，也许在最初的时候会出现不好的习惯，甚至技术动作也不正确，要提升个人能力，就要纠正以往的问题以及错误动作，这也是持续学习以及积累的过程。选手不能好高骛远，保持积极的心态接受训练。

1.1.2.3 网球运动的技战术特点

1. 合理性

在运动比赛的时候，专业选手在所有技术动作环节都需要科学使用技术动作。不同技术动作都体现出自身的科学性以及合理性，假如随意编凑不同的动作，技术动作不标准，会导致失误的出现。比如，假如对方拉来的是上旋球，正手做出回击时，需要以西方或半西方握拍击打，不然就会导致失误的出现。在击球时，挥拍痕迹、发力部位以及动作等需要遵守一定的标准，假如不标准，会导致问题的出现。

2. 协调性

专业网球选手的肢体动作一般比较潇洒、自由，让人感觉到艺术美，这也是选手具备肢体协调性以及平衡性的外在体现。良好的击球位置是确保最终击球效果的主要条件，假如身体无法维持平衡，那么打球稳定性随之下降，因此选手就不能控制球。专业选手一般可以把刁钻的球挽救起来，这就是选手可以精准控制肢体动作的表现。专业选手在击球的时候会维持肩膀和头整齐，打低球时，屈膝沉腰；在高球时，脚尖踮起，手臂跟随肢体转动而随意挥动，体现出明显的稳定性。

3. 移动性

网球运动表面上使用手臂，但是却需要利用双腿的力量。在开始运动的时候，移动格外重要，为了确保回球效果，需要按时转移到对应的位置，最佳平衡以及协调格外重要。在正式比赛的时候，打两角的战术被普遍使用，打底线之后吊网前也是重要的方式。在对方使用上述打法的时候，需要我方球员自主、高效地移动到合适的位置。

4. 预判性

网球运动员的头脑具有关键的影响，可以参考对方动作特征来判定来球的属性以及落点，之后转移到合适的位置。根据有关分析可知，在正式比赛的时候，80%

的击球需要在预判的前提上完成,专业选手在击出球之后,会判定对方也许会做出的回球,判定对手也许会进行的回击。所以,反应以及预判水平是评估专业选手网球能力的关键指标。

5. 有效性

网球选手在击球时,其每次击球的结果主要和身体控制以及个人力量控制两部分有关,并不是力量大就可以得到良好的结果,需要管控力量以及肢体动作。在击球时,假如修改球拍的角度,那么得到的结果就会出现明显的差异,所以选手需要精准控制个人肢体动作。

1.1.2.4 网球运动的功能

1. 调节和放松身心

对于当代民众来说,日常生活节奏变快,行业竞争加剧,导致大众承担一定的负担以及压力,不管是在工作、学习还是日常生活中,各个年龄层次的人都承担了一定的负担。在上述氛围中,大众要减少负担,放松身心。所以在日常休息的时候,要寻找一定的运动方式释放压力。频繁参与网球运动可以在一定程度上释放压力、调整免疫力。网球运动需要人们的专注和耐心,排除其他杂念,在锻炼的时候要高速奔跑,也要根据现实情况进行击球等,人们可以在锻炼的时候释放压力,降低个人生活以及工作负担,缓解疲劳以及焦躁情绪,最终调整以及放松身心。

2. 增强体质,促进健康

体育运动可以让身体各部分生理功能得到锻炼以及发展,频繁参与体育活动,可以在一定程度上提高个人身体素养,体现出一定的现实价值。

参与网球运动也可以提高身体素质,保证大众身心健康。网球运动是重要的以有氧为核心、无氧为辅助的运动,可以降低民众的血脂,避免高血压,提升参与人员的身体素养。运动量的多少可以独自管控。频繁打网球还能提高人的灵活性以及反应效率,激发大众活力以及积极性,避免阿尔茨海默病。

3. 促进良好心理素质的形成

网球运动可以培养人的意志品格,加快个人身心发展。对于网球运动参与者来说,频繁参与训练以及比赛活动,不只便于我们掌控个人情绪,科学调节心理以及身体,此外还可以进一步提高个人意志水平,最终加快心理素质的产生。

4. 便于良好情操的培育

良好情操是每个人都需要具有的主要品德,而频繁参加网球运动就可以帮助人们培养情操。网球运动在提高大众身体素养以及加快身心健康的时候，还能帮助参与者认识具有相同爱好的朋友。在参与网球运动的时候，也可以和教练以及同伴进行互动和沟通，网球成为大众互相了解、沟通、互动的重要方式，此外网球运动和年纪、个性、家庭等因素没有关系。

1.1.3 其他形式的网球运动

1.1.3.1 软式网球

1. 软式网球概述

软式网球是重要的运动项目，最初产生于日本明治维新时期。那个时期的日本开始积极引入以及学习国外文化，国外传教士与商人把草地网球运动带到日本。所以，日本经济发展水平高的城市也出现了网球活动。因为那时日本缺少生产球以及球拍的基础，进口产品的价格较高，因此橡胶球成为网球运动的工具。所以，日本软式网球运动随之产生。

1973年国际软式网球协会建立。首届世界软式网球锦标赛是1975年于美国举办。1986年，此运动开始进入我国，次年，我国软式网球协会建设。1994年在日本广岛筹备的第12届亚运会上，此运动成为重要的项目。全球各个国家以及地区也开始重视软式网球，目前在日本、韩国发展较好。

2．场地器材

（1）场地

软式网球场地和网球场地一样，主要被划分成沙地以及沥青涂塑地等。端线与边线连接产生的地区是内场，剩下的平坦地面被叫作外场。场面上的附属设施是网柱、裁判椅、挡网、凳子等。球网是黑色，长度是12.65米，高度1.06米，网孔边长3.5厘米，球网上面使用两片5厘米左右的白布包裹（用来穿钢丝绳）。球网两端需要和网柱连接，球网下沿需要和地面连接。

两者的差异主要是下面几个方面：

①发球区中线不只能确定发球是否错区，此外还可以判断单打是否界外。

②中线向两端线延长和中点连接产生球场中心线，球场中线把球场划分成左右均等的半场，半场主要是单打比赛使用的场地。

③场面排水坡度，从中央到端线不能高于10厘米。

④外场表示场地四周的空地，其和比场地位于相同水平面上，使用挡网围绕，确保比赛正常进行。

⑤外场宽度，端线后超过8米，边线外超过6米，假如两块场地平行建设，其中两者之间的长度需要超过5米。

⑥场线理论上是白色，线宽5厘米左右。

（2）器材

①球拍

软式网球的球拍和一般网球相比更小，使用的原料与一般球拍基本相同，主要使用木料、金属和相关材料制造。拍框上需要穿织网弦，长度是69厘米，框架通常是椭圆形，长度是32厘米，宽度是22厘米，拍把长37厘米。刚开始学习的人需要使用260到290克重的球拍。刚开始学习的人需要挑选较粗的球拍。

②球

软式网球使用充气的白色橡胶球，对气压提出了相对严苛的要求，直径是6.6厘米，重量是30克左右，从1.5米空中掉落的反弹高度是70厘米左右（通用标准是65厘米左右）。

3．软网比赛

比赛形式一般是团体、双打和单打三类。在单打的时候和普通网球不同。软式网球比赛主要采用一盘决胜制度，双打比赛一盘包含9局，单打比赛则是5局。软式网球使用的球更柔软以及方便，力量大的人在软式网球比赛中不占优势。导致在男女双打比赛中实力相对平衡，所以得到选手们的认可。

比赛两方在要求的场地中，中间使用球网分割，使用球拍彼此对打落地反弹一次的球或凌空击球，比赛和时间以及击球次数没有关系，在比赛的时候主要使用单打7局4胜制以及双打9局5胜制，单打谁先得到3局就可以得到胜利，双打谁先得到4局就可以得到胜利。

4．软网技术

握拍方式：大部分使用网球西方式握拍法，也就是放平球拍，用握拍手虎口部位放在拍柄处，手指放在拍柄握拢，此方式方便选手发力。

抽击球大部分使用平击球；网前抢网或中场截击主要使用平推截击。

发球与高压球通常使用平击或削击等方式。

在完成双打时，通常使用一前一后站位，后续队员被叫作后卫；前面则被叫作前卫。后卫一般在底线运动，使用抽击球影响对手，此外为前卫提供抢网可能性。前卫通常在网前活动，一般工作是抢拦对方的抽击球以及扣杀出现的高球。

1.1.3.2 短式网球

1. 短式网球概述

目前网球运动得到良好的发展，也体现出明显的年轻化特征，大部分年轻选手的水平较高。网球运动表现出"启蒙早，发展快"的特征。在上述趋势下，基于年轻选手的成长特征以及生理特征，遵守一定的运动原理而产生的儿童网球运动得到大众的关注，比如短式网球。

短式网球和一般网球具有相似的内涵，主要差异是，前者适合大于5岁的儿童生理、心理特征，主要针对儿童而开展，属于网球启蒙训练的重要方式与渠道。利用短式网球运动，儿童基本了解了重要的技战术方式，未来可以和成人网球运动相对接。

短式网球运动源自20世纪70年代的瑞典，在西方国家得到一定的发展。目前全球各个国家都开始借助此运动对儿童进行启蒙训练。短式网球运动对专业选手的培育，对增加网球参与人数，和提升网球运动的训练能力都有不容忽视的积极影响。就是因为短式网球的产生，与之相关的训练可以妥善处理儿童成人化训练中出现的问题和不足。短式网球运动场地要求较低，基础设备较少，投入不多且方便掌握，得到各界人士的重视以及认可。

短式网球产生以后，得到世界网球机构的关注。1990年，国际草地网球协会开始认可且接受此运动，将其当作未来重要的项目。1995年，国际网球联合会做出决定且正式制定短式网球宣传计划，承认短式网球是儿童参与网球运动的最佳方式。20世纪90年代，我国开始引入短式网球，且在国内进行宣传以及推广。

2. 场地器材

（1）场地

短式网球的球场较小，仅仅是正规场地的1/3左右（包含球场侧、后预留的空地）。球场长度是13.4米，宽度是6.1米，端线到挡网超过四米，场地间需要间隔两米。室外场地的方位是南北向。

此类场地通常位于室内，在防风环境良好的场地上完成。场地体现出一定的透明度，为节约费用，通常是棚状建筑。

（2）器材

①球

短式网球使用高弹性泡沫塑料制造的球，其中直径是七厘米，重量是15克左右，和标准网球相比更轻，体积明显较大。不只具备一定的弹性，此外飞行时期遇到的阻力也更大，落地前后冲力不大。

②球拍

短式网球球拍和普通球拍形状以及结构相同，然而重量较轻，通常被划分成不同重量以及长度，拍面外形与大小也存在差异，重量大概是150克左右，球拍重量以及长度为正相关的。儿童需要选择合适的球拍，因为球拍会显著影响未来的学习。儿童可根据个人年纪以及力量要素挑选合适的球拍。在挑选的时候尽量选择轻一点的，不能让孩子使用成人球拍或超过个人能力的球拍。

在选择的时候，不仅要关注重量，此外也需要重视握柄的大小。短式网球的球拍握柄和成人球拍相同，都有大小不一的规格。我们在挑选的时候，要根据个人手掌大小确定握柄的大小。通常来说，刚开始学习的时候需要挑选较细的握柄，假如未来觉得过细，还能使用纱布或相关包柄布进行加粗。

1.2 研究目的和意义

随着经济社会发展，人民群众多元化、多样化的体育需求日益增长，体育产业在促进经济社会持续发展和产业结构转型升级中的作用逐步凸显。如今的中国，拥有亚洲范围内最多的网球人口，最多的举办赛事，最好的网球市场，最具有前景的网球产业链。当年还排在中国前面的印度和泰国等国家，已经被中国远远甩在身后，而作为近邻的日本，虽然他们还拥有目前"亚洲第一男单"锦织圭，但是其国内的网球氛围已经难比当年，一些高级别赛事也逐渐远离了日本市场，转而投入到新兴的中国市场中。"十三五"时期是网球产业发展的关键机遇期，在国家广泛开展全民健身活动的大背景下，抓住国家大力发展体育产业的战略机遇，大力开发网球产业，建立完善的网球赛事体系，以赛事带动网球相关产业发展，使网球产业成为体育产业经济转型升级的重要力量。

本研究大胆地对网球产业分类、网球产业结构、网球产业布局等问题发表了自己的观点，在网球产业政策、网球产业管理体制对网球产业发展的影响等方面提出了自己的见解，有利于填补目前国内对网球产业发展研究的薄弱局面。

1.3 研究内容和方法

1.3.1 研究内容

我国网球产业有着广泛的研究内容，整体上包括我国网球产业的基本理论，我国网球产业制约因素分析，我国网球产业发展阶段及对策研究等几个层面，每个层面又都包含很多具体而复杂的问题。以往有关针对我国网球产业的理论研究比较缺乏，而实践中的我国网球产业发展非常需要明确的网球产业基本理论作为指导，特别是研究分析我国网球产业发展的阶段理论，对制定我国网球产业发展的不同阶段的对策，有着极为重要的现实意义。对这个问题的研究欲从我国网球产业的基本理论着手，其中包括基本概念的界定，由此明确我国网球产业发展的各个主要因素，通过对各个主要因素的分析和研究，以确定其在我国网球产业发展过程的地位及作用。最后根据我国网球产业进一步深化发展的需要划分不同阶段及其主要特征，并拟定主要对策。

1.3.2 研究方法

本文主要使用马克思主义的唯物辩证法以及方法论，基本上以系统方法为着手点，再搭配使用其余分析方式。研究的时候主要使用辩证的理论以及系统方式研究国内网球产业的发展历史。在探究的时候将国内网球产业发展现状当作整体，重视内部各个要素，整体和外部环境间的彼此限制以及影响。整体、精准的评估所分析的问题，获得正确的结果。在分析的时候格外关注系统结构对整体功能产生的影响，其中结构是功能的基础，功能是结构的外在体现形式，同等要素搭配产生的系统要注重内部结构的优化以及改善，进而全面发挥系统功能以及效果。在上述系统方法的结构内，分析所使用的资料以及信息的筹集方式一般是文献资料法、社会调查法、专家访谈法以及观察法。在得到充足数据以及信息之后开展深入的分析，主要使用的方式包含研究和综合法、归纳和演绎法等。

1.3.2.1 获取资料信息的方法

1. 文献资料法

利用查找以及整理相关书籍以及国内外相关文献数据，深入学习、借鉴以及利用其他专家得到的理论内容、实践经验以及探究结论，了解整个网球产业的产生、现实情况和未来发展趋势；根据对当前数据的探究明确本课题的分析方向、内容和其探究的重要性以及可行性，创建整个产业发展研究的内容系统。文献数据的查找以及整理为主要理论问题的探究奠定良好的基础；在我们开始分析的时候，需要全面整理以及研究、探索所得到的文献数据以及内容，为课题论证以及研究寻找充足的理论以及实践凭证，确保文字阐述有充足的内容以及依据。文献资料法为本文探究提供了重要数据以及信息，还是我们开展研究的重要方式。

2. 社会调查法

本文使用访问调查的方式，可以对我国国家体育总局经济司、政策法规司、网球运动管理组织等相关政府管理组织的研究，对国内专业网球俱乐部开展互动以及研究，考证以及掌握国内网球产业发展历史以及现实情况，政策修订和贯彻情况、未来发展趋势等，查找与课题相关的全部数据内容；寻找研究过程中存在的问题，利用和国内网球产业的负责人以及具有时间经验的专家进行沟通，得到相对真实且充足的材料以及论证基础；确保调查研究课题的科学性，进行相应的优化以及改善，此外也需要确定课题分析的可行性以及现实价值，确定研究的具体内容以及内部结构等。访问调查过程是全面查找有关研究资料以及内容的过程，还是未来专家研究、探索的重要基础。

3. 专家调查法

根据课题研究时期产生的全新问题以及无法处理的问题，需要和相关专家人员进行沟通和互动，得到充足且正确的意见以及观点，为未来研究寻找良好的理论内容。

4. 观察法

利用当前的管理以及运营环境以及条件，通过感官深入了解国内网球产业政策以及条文和俱乐部真实经营发展状况，得到充足、直接的感性数据，将得到的经验事实和理论相融合，确保理论和现实的统一。利用对事实状况的研究和深入探索，为课题研究以及分析奠定坚持的事实基础。

1.3.2.2　分析处理资料信息的方法

逻辑方式表示在科研时分析、加工以及整理得到的信息以及数据的普遍方式，本文在研究的时候主要筹集文字内容，也包含少部分数据以及图表内容。我们可以根据得到的资料、数据的性质以及数量、课题研究的特征以及需求，挑选合适的分析方式或搭配使用两种或更多的逻辑方式。上述方法一般包含研究和综合法、归纳和演绎法等多种方式。

第2章　相关概念界定及理论基础部分

2.1　我国网球运动发展

当代网球运动最早出现在19世纪70年代。到目前为止发展时间超过140年。在发展的过程中，不管是全球网球运动，还是国内网球运动都出现了明显的改变，且得到较好的发展效果，具有良好的发展前景。

2.1.1　我国网球运动的发展历史

19世纪末期，网球运动经由国外传教士以及商人进入国内。早期，仅仅有少数教会学校发展此运动，比如北京汇文学校、通州协和书院、上海圣约翰书院、广州岭南学校和香港等具有教会属性的学校，此外参加的人大部分是经济水平高的人群以及少部分学生、老师。不久之后，网球开始出现在国内上海、香港、北京、天津、广州等经济发展水平高的地区以及部分对外开放的沿海城市。

新中国创建之后，我国网球比赛开始流行，在1910年首届全国运动会到1948年第7届，网球比赛中被当作正规项目，但是最初的两届只能让男性参与，第3届才对女性开放。

1913年远东运动会将网球作为正规项目。1915—1934年，我国男子网球队总共参与9届，女性网球队参与第6届以及第10届的表演属性的比赛。在第8届运动会中，以邱飞海、林宝华为核心的中国队伍成为冠军。1924—1946年我国选手也参与6次戴维斯杯网球赛。我国首个参与温布尔登网球比赛的人是邱飞海，在首届比赛中获得较好成绩。在温布尔登比赛中得到最佳名次的是许承基，其在1938年被当作比赛的重要种子，单打比赛进入决赛。1938年与1939年，甚至两次获得英国硬地网球锦标赛的冠军。

我国解放之前，网球运动仅仅出现在少数群体中，专业性较弱。新中国创建之后，在党与政府的关心和支持下，网球运动开始得到各界人士的重视，开始进入到普通大众的日常生活中，成为大众喜闻乐见的运动项目。

1953年我国网球协会组建，吕正操成为主席，同时期在天津市筹备首届国家级别的比赛项目。1956年7—8月，印度尼西亚草地网球协会来我国访问，两国数次在北京、天津、上海等城市举办20多场比赛，客队胜15场、负8场、平1场。也是新中国创建之后第一次举办的网球国外比赛，加快网球项目在我国的普及。另外，我国网球运动员也数次和30多个国家以及区域进行沟通，参与众多规模庞大的世界比赛，且得到良好的成绩。比如，1959年，朱振华、杨福基在波兰索波特世界网球赛中第一次得到双打冠军。在1960年匈牙利布达佩斯世界网球比赛中，朱振华、杨福基又一次配合，获得冠军。1965年戚凤娣与徐润珍得到索波特世界比赛女子单打冠军以及亚军。上述阶段，国内也按时举办国际级别的网球单项比赛、硬地网球冠军赛、全国青少年网球比赛等，获得良好的社会效果。此外，也数次筹备老年、学校、少年等不同类型的网球比赛，上述比赛在一定程度上加快网球技术能力，促进了该运动项目在国内的发展。

另外，因为"文化大革命"的影响，国内网球运动和其余项目一样受到明显的打击，网球运动始终无法得到发展，甚至出现倒退问题，和国外基本上断绝了联系。文革结束之后，伴随国内经济的持续进步，国内网球行业开始进入高速发展时期。

1980年，我国网球协会被世界网球联合会所承认，成为其中的一员。国内网球运动发展效果开始展现出来。此项运动获得更多的机遇，更多的民众认可以及重视此运动，参加网球运动的人数不断增加，部分规模庞大的城市建设了网球中心或俱乐部，部分学校也开始建设与之相关的运动场地，网球运动开始在国内众多城市，尤其是在国内学校中获得良好的发展。我国也投入更多的资源，使用"请进来、送出去"的方式不断培育专业的运动员，进一步弱化和西方国家的差异，且得到良好的成果。

1986年第10届汉城亚洲运动会网球比赛中，中国运动员李心意成为单打冠军。在1990年第11届北京亚运会网球赛上，国内运动员获得3枚金牌（男子团体冠军、潘兵得到男子单打冠军、夏嘉平与孟强华得到双打冠军）、3枚银牌以及1枚铜牌，刷新当时亚运会的最佳成绩。在1992年奥运会上，国内运动员女选手李芳、陈莉、唐敏与男运动员夏嘉平、孟强华第一次进入比赛现场。

1994年亚运会网球赛，中国运动员手潘兵又一次得到冠军。1995年初期，李芳进入全球女子名次前五十，最佳成绩是全球第37位。1996年法国网球赛，易景茜进入第二轮，追平以往我国网球运动员的最佳排名。

在21世纪之后，伴随国内网球事业的持续发展，在训练以及比赛体制上提出了相对严苛的要求，且根据国内现实情况扶持网球事业的发展，国内运动员得到良好成绩，成为国内外瞩目的焦点。

2002年，国内女子网球队在联合会杯亚太区区域比赛中得到女单冠军；第21届全球大学生运动会比赛中，国内运动员李娜获得绝无仅有的成绩，第一次走出亚洲，进入联合会杯全球组外围赛。

2003年是国内网坛成果显著的时期，男女选手都得到了良好的成果。同年中期，在维也纳职业女子比赛中，孙甜甜、李婷、晏紫、郑洁第一次收获国际女子网球协会（WTA）双打冠亚军。男网运动员朱本强/曾少眩在上海喜力比赛中，得到我国男网首个双打亚军。另外也出现了多位极具发展潜力的运动员，且得到了良好的成绩。

在2004年第28届雅典奥运会比赛中，李婷、孙甜甜通过艰苦的奋斗，在决赛中以2：0成绩打败国外运动员马丁内斯、帕其斤奎尔，得到双打金牌，成绩喜人。上述选手在希腊神话产生的源头将我国神话变成现实，我国选手首次在奥运会比赛中观看到缓慢升起的国旗，聆听到国歌，对我国以及亚洲网球来说都是极具价值的转折点。

在2006年初期澳大利亚网球比赛中，郑洁、晏紫在不懈努力的拼搏下，为我国获取了良好的成绩，最终在决赛中打败国外著名选手雷蒙德与斯托瑟的组合，最终获得女子双打冠军的荣誉，这也是我国首个大满贯比赛的奖杯。

2007年早期，在悉尼网球比赛中，李娜成为前四，且把个人全球排名提高到第16位，刷新我国运动员的最佳名次。

2008年北京奥运会，李娜连克3号种子库兹涅佐娃以及8号种子大威廉姆斯等知名运动员，得到第四名的良好成绩。刷洗我国运动员女单奥运会的最佳名次。

2010年中期，在温网第四轮竞赛中，李娜依靠个人能力第一次进入全球第9强，创造我国最佳成绩。

此后不久，李娜获得2011年澳网的亚军以及法网冠军，开启我国网球运动的浪潮。

2014年初期，李娜第三次进入澳网决赛，且获得最后的冠军。

2015年初期，郑洁和詹咏然组合，得到澳网双打亚军；中期，在伊斯特本举办的女双比赛中，两人组合又一次得到亚军。

上述良好成绩的获得，表明国内网球事业，尤其是女子网球运动和国外接轨，表明国内网球事业的发展得到良好成果。然而，国内和国外其余国家进行比较，依然有明显的差异，因此需要国内网球教练、运动员和各界人员的奋斗，进一步加快国内网球运动的持续发展。

2.1.2 我国网球运动的发展现状

网球运动在国内发展的时间较长，然而在新中国创建以前，大众觉得网球是贵族项目，因此参加人数较少。学生、教师、外侨以及社会上层人员是重要的参加人群。十年"文革"阶段，和大部分体育活动一样，网球进入发展低谷。1972年，国内网球项目再次进入大众视野。对外开放之后，我国经济发展加快，整体水平持续提高，大众生活质量提升，此时网球项目获得较快的发展。网球开始变成大众日常生活中重要的娱乐和锻炼项目，在大部分人心目中，网球成为最佳选择。

参考相关研究信息可知，当前国内网球项目参与人数较多，超过一百万，国内网球场地数量持续增多，其表明国内网球事业的发展空间不断变大。但是不容忽视的是，即便参与人数不断增多，但是国内真正了解网球运动的人并不多。在筹备全国性质的比赛时，仅仅有少部分民众进入场地观看比赛，在部分比赛中，观众甚至少于选手。然而上海大师杯赛的观众较多，也许观众更希望观看高质量的比赛。观众少表现出的现实问题是，国内高级别的网球选手不多。另外，也表明国内相关组织并未推广以及宣传网球运动。

场地缺少、成本过高是限制国内网球事业发展的现实原因。我们将上海作为案例，平均每20万人才拥有1个场地，因此可知场地数量明显不足。在美国，每1万人就拥有5个场地。此外，国内大部分工薪人群无法负担网球运动成本。20世纪90年代，国内开始和国外接轨，使用全新的巡回比赛制度，且设定奖金以及排名，然而上述赛制在短暂的试验之后，由于缺少赞助资金而被舍弃。因此，网球项目要想始终确保强大的活力，就需要一定的群众基础以及资源等。

现在，国内大概有4万青少年参与此项运动，大概2000人注册成为专职运动员。然而国内网球事业的发展遇到的主要问题是专业运动员不多，在全球网球比赛中基本上没有看到我国选手的身影。在世界体坛中，网球项目的职业化水平较高，成熟的职业化运作模式产生。近期，我国试图让少数网球选手进入职业圈，然而在现实操作上遇到一定的阻碍，无法和世界全面接轨，所以国内参与世界级别的高规格网球比赛的机会较少。国内网球运动想要和国外接轨，就需要使用高效且成熟的措施让男子网球选手进入职业网球选手协会（ATP）巡回赛，女子网球选手进入WTA巡回赛，积极参与重要的比赛。

此外，国内网球运动的主要阻碍是制度不成熟，运动员的报酬相对稳定，我国政府担负他们的生活费和治疗费，因此他们缺少一定的压力，缺少参加培育以及比赛的积极性，甚至产生一定的优越性，此外在比赛得到奖牌之后还可以获得较高的现金奖励。如此，运动员精神上相对轻松，拼搏精神和意志无法培养，因此他们也无法得到良好的成绩。

上文重点研究与国内网球事业相关的外部影响因素，显然除此之外，在网球事业的发展中也有其他问题和阻碍，在一定程度上限制了网球的发展，接下来具体分析内部影响因素。

2.1.2.1 网球训练理念与方法较为传统

国内网球运动培训观念相对老旧和保守，其一般体现在国内不关注对此类运动员战术观念的培育。经过深入研究我们就可以知道，大多数省体工队的训练基本上是简单的底线对攻打法，接连对打十几拍乃至几十拍，只关注技术的熟练度以及意识性，只会等待对方的失误。如此我国选手就无法养成积极进攻的观念。培训科学性和高效性是确保选手得到良好成绩的重要基础，而目前国内网球运动发展遇到的阻碍以及现实问题是训练与比赛需求不符合，从未根据比赛需求进行培训，如此培训重点和比赛需求不符合，和比赛相关的培训内容较少。此外，在战术搭配上相对简单，过于固定，基本上没有根据现实情况更改战术，对网球比赛制胜的规律并未开展全面的研究。此外，由于并未使用合适的方式加强培训，因此选手在比赛的时候缺少灵活性，调节水平不高。

目前全球网球比赛中，球速、力量和之前相比有了明显的提升，在比赛完结之后，比分的70%在双方选手各击二到三拍就可以划分胜负。因此，需要把头三拍当作培训的核心，发球与接发球的培训成为重点。由于在比分中，发球、接发球的分数总和占比较高。另外，在平常培训中，教练员要引导运动员全面了解以及学习先进打法，确保他们可以使用更强的力量以及更快的速度击球，在网前积极拼抢，养成积极的攻守转换观念，最终形成独有的战术风格。

2.1.2.2 运动员态度不端正

西方国家的部分网球选手为了参与高规格的网球比赛，会付出其他人无法想象的代价。比如，俄罗斯球员萨芬13岁的时候在不认识任何人、语言不通的时候独自前去国外接受培训；瑞典选手博格独自背着帐篷参加比赛，就是因为这些选手付出其他人不能想象的代价，所以才可以获得最后的成功，获得相应的成绩。

研究国内部分网球选手可知，他们基本上不会自主接受艰苦的培训，甚至有选手心生厌恶，只想早点退役，也会利用个人运动员属性去赚钱，并未把精力放到培训和比赛中。大多数选手仅仅是以"要我练"的态度接受培训，并没有自主且积极地参加培训。选手心态出现问题，因此即便有教练员的监管，也无法获得较好的成绩。换言之，国内大部分网球选手接受培训的动力不足、积极性较弱，选手基本上没有不断拼搏和奋斗的勇气，缺少独自处理问题的精神。WTA网球学院专家丹尼尔·柯之前讨论我国球员的时候提出，限制选手提高实力的主要因素是缺少积极的心态以及理念，部分选手甚至会因为自己生活中的事情而放弃培训，导致运动能力始终无法得到提高。

2.1.2.3 教练员执训水平较差

网球运动水平的提升需要依靠专业且综合素养高的教练员的带领。前国际网联主席贝蒂之前清楚提出，国内网球教练员素养不高是现实网球事业发展的主要因素。显而易见的是，网球比赛成绩和教练员个人能力有关。目前，国内网球教练员大部分是之前退役的选手，上述教练员的主要特征是年纪过大，理念相对老旧，另外自我学习水平不高，训练方式保守，缺少一定的创新理念和水平。

专业网球教练员的突出标志是对全球网坛的全新战术发展、动态的理解以及学习。此外，在网球技能以及战术持续发展和创新的时候，教练员需要深入研究世界网坛的发展现状、战术变化等相关理论内容以及实践经验，只有如此才可以把训练方式和现实发展情况融合起来。利用比较中澳网球教练员的执训特点我们就可以知道，澳籍教练员为了激发选手的训练自主性，促使选手参加趣味性较好的对抗运动。在引导运动员提升技战术水平的时候，教练员利用画图和演示来阐述网球运动理论和战术理论内容，帮助选手深刻地理解和学习。上述教练员也利用对比的方式深入研究网球技术，进一步提升了训练以及比赛的智能化水平。此外，澳籍教练员的陪练方式以及手段较多，上述优势是国内网球教练员所缺少的。

从上文研究可知，要想加快国内网球事业的发展，获得良好的比赛成绩，就要学习以及借鉴西方国家的全新理念，使用合理的训练方式，促使选手养成积极的训练和比赛心态，提升教练员的综合素养和执训水平。然而，我们在处理以上问题的时候，需要使用高效的方案，也需要深入研究国内现实情况，寻找符合国内现实情况的网球发展道理。详细地说，要想提升国内网球运动的综合能力，就要加快网球训练和比赛管理制度的健全以及完善，更新以往的训练方式和模式，为选手参加国外网球比赛寻找更多的机会，进一步提高选手和教练员网球科研以及实践水平，促进有关学校网球课程的开设，加快网球教育系统的改革进度等。利用上述研究以及探索帮助我国网球运动尽早和世界接轨。

即便现在外界阻碍和内部矛盾限制国内网球事业的发展，然而，在国内网球事业发展的时候，也得到了一定的成果。因此，我们不仅要深入研究当前存在的缺点和问题，此外也需要维持积极的心态，利用高效的措施促进国内网球事业的稳定发展。相信在政府、社会和众多体育人员的奋斗下，我国会成为真正的网球强国。

2.1.3 网球运动在我国高校的发展情况

2.1.3.1 高校网球运动硬件发展状况

1. 高校网球运动场地设施状况

场地、器材和网球辅助墙等全部是学校发展网球项目需要准备的硬件设备。学校网球运动要想正常发展，就需要准备充足的场地和基础设备。高校网球项目的教育水平和组织形式主要和场地数量与质量、基础设备有关。因此学校发展网球项目的效果和场地、器材有关。

目前，国内高校开始增加招生人数，目前扩招进度持续加快，在上述环境中，高校开始购买相关基础设备，比如建设教学楼、宿舍楼等。如此，学校内可以使用的空间持续缩减，但是网球场地的建设要占用较大的面积，此外投资较多，最终限制了场地的建设。国内高校网球运动发展过程中的主要问题投资不足、场地较少、建设进度较慢等，上述问题在一定程度上限制学校网球运动的稳定发展。

网球场地缺少导致网球教育目标无法完成。总而言之，国内大部分学校的网球场地明显不足，学校大学生网球学习的日常学习以及锻炼需求无法被满足。网球运动必须在符合要求的场地中才可以施展开来。但是国内学校网球运动的正常进行和场地有紧密的关系。部分学校因为缺少充足的场地而不能正常开设网球课程，或者只能开设较少的课程。因为缺少场地学生也不想选择网球课程，所以学生缺少学习以及参与网球运动的机会，无法提升网球技术水平，限制学校网球事业的发展。

大多数学校的管理者并不关注网球运动，甚至很多领导并不了解此项运动。学校领导群体和管理群体并未充分重视网球运动的发展。学校网球运动的发展需要管理者的扶持和帮助，只有如此才可以获得良好的结果，假如缺少关注和支持，网球运动的发展会受到限制，无法正常进行下去，所以学校管理者需要深刻了解网球运动发展的现实重要性，需要全面掌握教师与学生对网球运动的看法以及需求，只有如此才可以促进网球运动的正常稳定发展。

2. 高校网球运动场地使用情况

（1）网球场地在教学中的使用

由于网球场地的成本较高，此外对原料也提出了严苛的标准，因此必须在建设好场地之后，派遣专业人员加强维护和管理，此外由于养护成本较高，因此场地只能在正常教学中使用，其他时间必须闲置，避免场地受损。目前大部分高校对外开放此类场地，可以得到一定的经济效益，此部分效益用来维护场地，如此就可以产生合理循环。

国内学校网球运动场地一般用作网球教学和训练，另外也可以用来筹备网球比赛、教师活动和开放盈利。国内学校对此类场地的使用情况较好，基本上没有出现浪费现象。网球教学和学生训练成为重要用途，教师活动和筹备比赛也可以正常使用场地，在对外开放的时候可以得到一定的经济效益，提高收入，进而维护场地。长此以往，学校网球场地的使用效率较高。

（2）网球场地的经营开放状况

学校发展网球运动的效果和学校场地运营情况有紧密的关系，假如能高效且稳定地运营场地，就可以满足学生的现实需求，满足所有人员的网球训练需求。进一步激发学生参加网球项目的自主性和积极性，此外还能借助其他方式提高经济效益，用来养护场地。这样可以高效使用网球场地，此外还可以加快网球运动的长久稳定发展。然而假如学校并未高效使用网球场地，就会造成浪费问题的出现，导致场地无法发挥最佳效果，假如此类场地受损或者其他问题的时候，就没有充足的费用来维修场地，导致场地综合使用时间缩减，最终导致网球场地维护费用不足。

国内高校使用网球场地的效率较低，运营效果较差，大多数学校经营水平低，可以高效经营场地的学校较少,所占比重不高,目前无经营以及经营较差的学校所占比重较高。根据上述情况状,学校需要提升对网球场地的使用以及运营水平,对当前经营状况进行优化以及改善,寻找最佳经营方式,促使场地产生良性循环系统,增加场地综合使用时间。

网球教学和培训占用网球场地的使用较长,去除教育和培训以外,学生在课外时间也会来到场地进行锻炼。部分学校会免费对学生开放,让他们在课余时间也可以参与网球运动,此类学校所占比重较高。部分学校的网球场地对学生开放的时间的较少,甚至部分学校也会收取一定的费用,少数学校中学生在课外时间使用场地每小时要支付5~20元,另外少数学校每小时向学生收费高于40元。从上述信息可知,基本上学校在学生课外时间的网球开放情况较好,学生在课外时间可以利用网球场地进行学习和培训,帮助学生提高个人学习能力,提升他们的网球素质,满足他们的学习以及训练需求。然而部分学校向学生收费较高,高于学生个人可承受水平,导致部分经济条件较差而喜爱网球运动的学生无法进入场地进行训练,最终降低学生的训练积极性,此现象需要得到学校有关人员的重视,根据现实情况确定科学的收费标准。

2.1.3.2 高校网球运动软件发展状况

1. 高校网球运动的教学情况

(1) 高校网球运动课程性质与授课形式

国内学校高校根据本身实际情况开设各种类型的网球课程,一般是下面两类课程,也就是必修课和选修课。授课方式各不相同,主要是小班与大班。部分学校并未开设此类课程,主要使用大班方式教授学生,使用小班教授学生的学校更少。网球运动属于相对独特的运动,体现出突出的技术性,运动时间更长,动作定型的效率较慢,学习技术动作需要一定的时间,所以要在较大的场地中接受教师的耐心引导,只有如此才可以完成预期目标,才可以提升学生真实能力,因此大班授课方式不符合网球教学需求,由于此授课方式要求大部分学生共同上课,学校网球场地较小,教学时间较少,教师无法做到面对面指导,所需要的时间较多,因此导致网球教学效果较差,无法提升学生网球水平。

另外,在大班授课的时候,学生假如遇到不了解的内容,教师无法针对学生个人进行讲解,此时学生会因为问题无法被处理而厌恶以及害怕网球运动,最终降低学生的学习积极性,因此假如学校场地充足的话,最好使用小班授课方式。在教学教法上，以往的教学方式不适合网球教学，因此要想提升网球教学水平就需要寻找全新的教学方式。

（2）高校教师对网球教学方法的看法

大部分学校教师觉得当前使用的网球教学方式相对科学，而认为教学方式不科学的教师所占比值较低。要想提高网球教学水平，就要延长教师的教育时间。国内部分学校的网球运动的教学时间是36学时，部分学校是72学时，然而少数学校的网球教学时间相对短暂。

国内学校网球运动的教学过程中也有一定的问题和缺点，不论是网球课程属性，还是教育方式都存在明显的问题，此外教学方式太过老旧，无法得到最佳效果，因此教师也不能达成预期目标。为了尽早处理学校网球教育过程中存在的现实问题，加快网球运动的发展，需要学校教师寻找以及研究全新的教学方式和模式，加强创新，满足现实教学需求，对其余学校的网球教学方式开展深入研究，掌握学生的现实情况，有目的性地使用各种方式开展教育，进一步促进网球项目在学校的正常发展。

（3）高校学生掌握网球技术难易度的现状

网球运动体现出明显的专业性，不能利用其余运动项目的技术动作完成迁移，所以学习过程中会遇到一定的问题，通过研究可知国内学校大学生学习网球遇到各种问题，大部分学生觉得学习难度不大。另外有少数学生觉得在学习网球技术的时候遇到较大的问题和阻碍。利用相关研究结果我们就可以知道，对于我国学校的大学生来说，学习网球技术的难度不高，只要树立正确的心态，增加训练时间，就可以进一步了解以及掌握有关运动技术与理论内容。在研究的时候我们也了解到学生学习网球技术的积极性较高，此外动力充足。

2．高校网球运动专业队建设情况

作为重要的奥运会比赛项目，网球运动获得我国各界专家人士的重视和支持。国内竞技体育制度跟随现实经济能力的提升以及世界经济联系的紧密而出现明显的改变，一般表现在竞技体育的发展开始使用市场化和商业化的运营方式，竞技体育储备人才的输送方式开始学习以及借鉴发达国家。近期国内网球事业得到良好的发展，因此为学校网球事业的发展奠定坚实的基础，部分学校开始建设专业水平高的网球队伍，此外部分以网球运动为核心项目的特殊学校开始建设，进而加快了国内网球事业的稳定发展，加快网球综合水平的提高。为当前网球后备人才提供专业培训，节约我国资源，提升资源使用效率，妥善处理运动员退役后残存的现实问题。

大部分学校并未创建单独的网球队，仅仅有少数学校组建网球专业队，即便上述学校创建了专业团队，但是其综合能力不高，甚至存在一定的现实问题。一般体现在下面几个部分。

（1）学校并未科学组织和监管网球专业队。

（2）学校对网球专业队运动员能力的提升并不关注。

（3）学校网球专业团队的训练不合理。

（4）学校网球专业队的比赛组织相对老旧。

（5）部分学校即便创建了网球专业队，然而此类专业队没有机会参与比赛，导致学校网球专业队无法积累实践经验。

伴随网球运动的持续发展和教学方式的创新和优化，学校师资力量持续增加，学校网球专业队也存在较大的发展空间，特别是目前网球运动的发展之后，学生对教师的需求不断增多，学校开始培育专业教师。学校网球专业队创建不仅和相关储备人才的输送相关，此外和网球师资的培育以及教育相关，如此就能直接体现出学校网球运动的发展和网球专业队发展之间有紧密的关系，因此我们就可以知道创建高规格的专业队格外重要。

2.1.4　现代网球运动的发展趋势

2.1.4.1　现代网球发展的国际化趋势

1. 网球的赛事国际化

当代网球运动得到良好发展，此外体现出明显的国际化特点。国际性比赛是代表各种运动项目最高水准的比赛，每年举办次数较少，但是规模一般较大。比如，世界杯足球比赛是四年一次，其他活动的世界比赛每年仅仅是一两次或多年举办一次。但是不同国家内部的区域性质的比赛较多，目前全球知名的竞赛较多。比如，篮球主要是NBA比赛；足球主要是意甲、德甲、法甲、英超等比赛；乒乓球主要是我国乒乓球俱乐部比赛等。

但是，网球运动体现出明显的不同之处，每年都有6个规模庞大的比赛，也就是四大公开赛以及2个年终总决赛。每年举办的知名比赛较多。比如，ATP负责大概70个规模庞大的比赛，去除四大公开赛之外，也有世界系列赛、大师杯赛、大师系列赛、卫星赛、挑战赛等。WTA负责大概60个规模庞大的比赛，去除参加四大公开赛之外，也举办不同级别的女子系列赛和WTA年终总决赛。国际网球联合会ITF主要筹备100多个关键的网球比赛，去除四大公开赛、联合会杯、戴维斯杯之外，也包含女子挑战赛、男子希望赛、巡回系列赛、卫星赛等。每年由三大网球机构承办的世界性网球比赛超过几百个。另外，具有全球知名度的网球比赛主要是世界少年杯赛、元老赛、世界青年杯赛等。

每天在世界各个地区都会举办不同类型的网球比赛，因此比赛频次高，次数多。世界每年举办的网球赛事在地区以及时间上分布相对紧密。作为重要的规模庞大的比赛项目，网球运动比赛筹备的频繁度以及时间紧凑度是其余世界性体育比赛活动所不能达到的。

世界网球组织格外关注网球运动在亚洲地区尤其是日渐崛起的中国的发展空间。在国内政府和有关部门的持续奋斗下，国内在近期筹备不同规格的网球比赛，此外也得到一定的影响。以往国内仅仅筹备10万左右美金的比赛，目前WTA、ATP负责的比赛也开始进入国内。

全球规模庞大的网球组织ATP与WTA把我国当作全球高规格网球比赛的举办地区，在我国运动历史上并不多见，此外在全球网球发展历史上也非常少见。利用筹备上述高规格比赛，我国网球运动事业得到良好的发展，网球运动在国内的发展前景较好，具有更大的发展空间。

2．网球人口的国际化

当前，全球网球运动成为大众日常生活中的重要部分，宣传力度较高，这就是网球事业发展的现实表现。以往，西方国家发展网球运动得到良好成果，目前网球运动开始进入发展中国家以及区域，成为重要的体育项目，在一定程度上加快各个地区网球事业的持续发展，全球网球人口持续增加。现在，世界网球联合国会员超过200多个。不同国家在宣传和推广网球项目的时候，对专业网球运动员提供一定的培训机会。之前美国、英国、澳大利亚、法国等强国霸占网坛的现象成为历史，多极化趋势开始产生。

利用评估网球运动的发展效率以及规模之后我们就可以知道，在当前社会新经济秩序基因库中，网球运动变成不可忽视的成员。当前大部分爱好者被网球运动中的文化元素以及理念所吸引，所以开始参加进来。网球成为全球最重要的体育活动之一。

全球接纳网球项目的国家和区域不断增加，参加此运动的人口不断增加，伊斯兰教即便相对守旧，但是部分阿拉伯国家也开始认可WTA筹备的女子比赛。因此我们就可以知道网球运动体现出全球化趋势，在此后的发展过程中，参与人口也会不断增多。

3．网球观众的国际化

电视机产生以前，观看网球运动比赛的观众人数较少，电视产生以后，不管是什么类型的项目，观看的人数开始不断增加。1936年，英国广播企业播放歌舞节目，电视转播随之产生，普通大众的生活和认知行为模式也因为电视的产生而出现明显的改变。

1968年，世界网联和温网负责人通过协商之后制定允许职业网球运动员参加比赛的要求，温布尔登开始变成"公开赛"。英国广播企业抓住上述机遇，通过电视转播了具体赛况。在那个时候，不能去现场观看比赛的广大民众也能利用电视银屏体会到比赛的具体情况。受众在观看比赛的时候可以提升收视率，帮助广播企业得到更高的经济效益。比赛负责人也可以从中得到BBC支付的转播费用，提高综合经济效益。对于普通大众来说，利用电视屏幕观看紧张的网球比赛也是难得的享受。

1973年9月在休斯顿，全球女子头号运动员B.J金和R.L里格斯的比赛场地，仅仅有3万观众在现场观看，然而有大概5000万的受众利用电视实时收看比赛，本次赛事被叫作"世界网球大赛"，在一定程度上网球观众开始朝着世界化趋势进发。1978年，法国电视台首次对法国网球公开赛进行全方位直播。20世纪80年代后期广播卫星发射，3个广播卫星可以覆盖整个地球，此外和地球保持同步，至此世界各个地区都可以进行直播。

我们将四大网球公开赛作为案例，在澳网、温网比赛开始的时候，大概有50万观众在现场观看，法网比赛观众大概是40万人，美网大概是70万人。每年四大网球公开赛的实地观众总共超过200万。利用电视收看赛况的受众明显更多。根据美国网协上传的信息，2005年美国收看美网的受众超过8700万人，观看美网系列赛的电视受众超过4100万人。2011年，温网比赛中，李娜和意大利知名运动员斯齐亚沃尼吸纳大概16亿名我国观众收看节目，不只成为当时我国收视率最高的单项比赛，还是我国历史上单场网球比赛电视直播收看人数最多的比赛。根据全年、世界收视率进行分析，四大公开赛和其余高规格的网球比赛的世界观众超过十几亿人次。收视率高不只可以提高网球运动的知名度，此外还可以促进此项运动的发展，帮助电视台得到更高的经济效益。

网球赛事利用众多方式进入到更广阔的地区，在一定程度上促进了世界文化的融合以及交流。伴随不同国家在文化和经济领域的结合，喜爱网球运动的人们可以加强交流和互动。

2.1.4.2 现代网球发展的市场化趋势

1. 网球产品消费市场

网球服、基础器材等是核心产品，在完整的网球产业链条中，上述消费是不容忽视的部分。参考网球产业组织研究数据可知，每年网球拍、球、辅件等批发数值大概是3亿美元，此外有20亿美元的运动服装销售业绩。根据美国网球组织研究可知，每年该国大概出售300万支成人网球拍，100多万支儿童球拍，1亿多个网球，仅仅球拍就有大概9000万的销售业绩。

近期，网球产品营销人员寻找知名运动员代言不同类型的产品等，知名度较高的网球服以及球鞋品牌主要是锐步、阿迪达斯、耐克等，球拍品牌一般包含海德、威尔胜等。经营人员花费较多的资金，主要目标是利用"名人效应"来推广公司的产品，进而获得更高的知名度，提高公司销售业绩以及综合经济效益，上述大量投资通常都能获得较多的回报。在全球运动服、运动鞋、球具行业中，网球产品一般都可以得到良好的成果。根据当前发展趋势进行分析，网球产品的消费也会不断增多，有关销售业绩以及数量会持续增加。

2. 网球比赛的场馆和赛事赞助市场

美国开设了不同类型的体育俱乐部，基本上都得到了良好的结果，每年都可以得到充足的经济效益。根据研究可知，NBA的纽约尼克斯队在美国麦迪逊广场花园的主场有89个包厢，单个包厢出售额大概是30万美元，只出售包厢，每赛季可以得到大概1000多万美元的效益，占据总效益的50%。

如同美国篮球职业俱乐部那样，英国温布尔登网球中心在发展过程中得到良好的效果，该中心拥有几百名会员，会员进入的时候需要上交一定的费用，此外该中心每隔一段时间会销售一次债券，会费以及债券的销售业绩是网球中心的核心收入，中心使用上述收入维修以及保护场地以及基础设施。

国内网球运动事业的发展目前位于早期，但是在建设和经营场地上得到良好的效果。我们将北京当作案例，北京建设大量网球馆，大多数是会员制的宾馆负责运作，且获得较好的发展效果。一般球馆的价格基本相同与稳定，然而在假期就会提升价位，每小时最高是300元，即便是这样，依旧有人想去打球。

最重要的网球产业经营是筹备比赛。大师系列赛中所有赛事都有4000万美元的营业额，目前经营额高于1500万美元。上述比赛的经营业绩较高，盈利水平较高，且表现出平稳增加的趋势。全球高规格网球比赛的商业运营水平高，就可以得到较高的经济效益，且获得更多的工作岗位，让更多的人得到工作，吸纳众多受众，观众增多就会产生更高的经济效益。

全球高规格的网球比赛的冠名赞助商通常都可以得到较高的经济效益。四大网球公开赛都有固定的合作者，即便上述合作者不会把赞助数额公开出来，然而我们可以根据其效益判定其所投入的数额。高规格的网球比赛是全球重视的关键比赛，赞助商也会竞争冠名权，此现象会跟随网球运动的持续发展而更加激烈。

3．网球经纪业市场

根据具体产值进行分析，即便在体育事业中经纪业所占比重不高，但是，在某个国家完整的体育链条中，其具有不容忽视的现实作用，也是体育行业内最重要的部分之一。职业体育行业的发展和崛起和经纪产业的发展有关。体育经纪企业以及经纪人的服务相对专业，综合实力强大，尤其是具有较高的市场拓展水平，因此发掘体育无形资产，生产以及制造体育书籍以及音像产品，加快体育广告业以及相关用品业的发展等需要实力强大的体育经纪企业以及经纪人的配合和支持。

美国历史上首个体育经纪人是戏剧推广者C.C.帕莱，其重点负责芝加哥熊队的业务。但是，该国体育经纪业得以发展的主要时间点是20世纪70年代。此前，基本上没有专业运动员寻找经纪人，目前，每3～4名专业选手就拥有1名经纪人。

网球发展历史中，首个经纪人是查尔斯·C.派尔，他是美国的普通商人，还是网球宣传者，早期是苏珊·朗格伦的经纪人。在网球职业化发展的时候，与之相关的经纪业开始进入到更加成熟的时期，拥有经纪企业或经纪人的赞助合约的运动员人数更多。

2.4.4.3 现代网球发展的科技化趋势

影视业在20世纪60年代进入高速发展时期，网球项目的发展受到电视产业的深远影响，一般体现在高效使用电视转播比赛状况。另外，为了进一步满足电视转播需，相关工作人员也更改了网球颜色，甚至更改了比赛规则和要求，进而集中电视受众的注意力。因此我们就可以知道，网球运动变成普通大众的重要项目和技术发展有紧密的关系。

21世纪以后，电子鹰眼系统变成网球比赛中普遍使用的领先科技，一般使用此技术判定网球落点。伴随球拍技术的持续发展，网球选手的击球效率持续提升，因此裁判员目前不能借助肉眼精准判定球的落点；此外在电视转播网球比赛之后，选手和裁判员都承担了极大的心理负担，假如裁判员出现误判问题，其和选手都无法承担后果，因此有关部门以及人员开始注意到鹰眼技术在此类比赛中的使用。

"鹰眼"也就是"即时回放系统"，2001年，此科技由美国专家保罗·霍金斯设计。属于高效计算机成像系统，把众多高速摄影机装置在赛场的所有地区，和电脑成像工具融合起来，网球飞行路线以及落点图像可以直接呈现出来，利用大屏幕进行回放，裁判员就能直接精准判定球的落点。在正式比赛的时候，裁判负责使用鹰眼技术，最终判定球的精准落点，确保比赛的公平与合理。

21世纪早期，鹰眼科技在体育比赛中的首次使用并不是在网球运动中，而是在英国超级联赛中。此后，此科技开始使用在美国某些专业比赛中，比如NBA以和全美橄榄球联赛等。伴随科技的研发以及知名度的持续提高，世界网球联合会试图把此技术使用到网球比赛中，所以世界网联试图使用鹰眼技术，利用规模不大的比赛实验此技术，进行实地检验。2003年，澳网正式使用此技术，也是把鹰眼技术使用到网球项目中的首个大满贯比赛，此后该技术开始普遍使用在四大满贯的比赛转播中。但是，当时只是将技术使用到电视媒体转播时期，在正式比赛的时候并未直接使用此技术。

最终促使国际网联在现场使用鹰眼技术的是2004年的美网比赛。当时，在1/4决赛中，小威打出了反手斜线压线球，然而主裁判判定球出界，不正确的判决一直没有被更正。大众因为上述错误判定进行激烈的讨论泛，希望在未来判定的时候使用慢镜头进行回放，因此有关组织开始使用鹰眼技术。

美国网协2005年要求把鹰眼技术使用到国内网球比赛中，然而因为众多现实因素的影响最后没有顺利成行。当前网球比赛过程中的不同意见不断增多，大众开始要求使用鹰眼技术做出正确判定，这是具备权威性的凭证。最早是现场使用此技术的网球比赛是2005年美国迈阿密大师赛。在2006年美网系列赛、美网和2007年澳网开始普遍使用此技术，且得到良好的效果。但是温网组委会相对守旧，因此在2007年才开始在比赛中使用此技术。

目前，有关网球比赛中使用鹰眼系统出现不同的观点和意见。支持使用此技术的专家以及普通观众提出，在运动员和球的方向正对或背对运动的时候，其视线会产生盲点。所有细微的司线头部晃动也许都会导致球员错过网球砸向地面的瞬间。如此，在正式比赛的时候，与关球相关的落点纠纷和矛盾不断增加，因此需要使用鹰眼系统。

之前在网球比赛中不使用鹰眼系统的主要因素是保证网球比赛的科学性和公正性，但是比赛不只要重视公正。专业素养高的网球选手不只要提升个人专业技术，此外需要学会如何和裁判交流和互动，尽早弱化误判给个人心理带来的负面作用，这就是当前网球比赛中不容忽视的关键部分。鹰眼系统即便提升了客观性，弱化选手和裁判之间的纠纷，但是普通观众的消费乐趣也受到相应的影响。现实情况表明，网球界一般支持有限度的、不会影响比赛进度的鹰眼系统。此外大部分比赛组织和选手都认可鹰眼系统。只需要10秒钟就能处理纠纷和争论，属于网球事业发展过程中的重要技术革命，在一定程度上提高了网球比赛的观赏价值。目前科技发展水平持续提高，在未来的网球比赛中，我们也需要使用领先的技术，寻找更新的技术，在提升比赛公正性的时候，也要重视趣味性。

2.4.4.4 现代网球发展的其他趋向

1. 网球组织日益完善

1912年，国际网球联合会正式建立，也是世界网坛最重要的机构之一，巴黎是该机构的总部。在最初建设的时候，大概有12个国家的网球协会参与进来，目前有超过200个会员，目前正式会员100多个，没有表决权的联系会员60多个，因此我们就可以知道该机构发展水平高。1972年，国际男子职业网球协会正式建立，该机构宗旨是维护职业网球选手的正当利益，为选手提供正当的比赛机会以及相应的奖金，且负责发行《国际网球周刊》。1973年，国际女子职业网球协会正式建立，国际网联、男子职业网协和女子职业网协是网球领域的主要机构，其都有清晰的责任和工作，主要保证全球网球比赛的正常进行。

两大团体赛——戴维斯杯赛（男子）以及联合会杯赛（女子）是代表国家综合网球能力的关键比赛，其主要由世界网球联合会负责筹办，2013年第7届联合会杯赛中巴西获得冠军，2015戴维斯杯赛中，英国获得最终的冠军，上述比赛的正常进行以及良好发展得益于国际网联的高效筹备和监管。每年，国际网联会按时发行《世界网球排名表》，总共分为52期，对全球专业网球选手参与不同规格的网球比赛具有一定的积极影响，此外可以确保国际比赛的高规格，吸引更多的观众。每个星期都会公开男子名次，女子名次则是每两周公开。当前全球网球选手的排名浮动可以直接参考上述公开的信息。此外，此排名也具备一定的现实价值，名单上的顺序变动对选手能否参加某些关键比赛具有重要的影响。网球选手在体育用品产业内的广告价值和其最终排名有紧密的关系。

目前全球网坛中相对活跃的网球比赛，所设定的奖金额度更高，主要和国际网球组织的高速发展有关。

2．网球赛事奖金数额惊人

目前在大部分国家，网球运动成为重要的热门活动，主要是由于此项运动的特殊价值，此外大众想要参与网球运动的主要因素是大多数网球比赛的奖金额度较高。目前，每年全球都会筹备不同规格的网球比赛，此外大多数都设置较高的奖金，特别是职业网球选手被允许参与不同规格的比赛之外，每年比赛的奖金不断提高。我们将美网作为案例，2015年，美网总奖金超过4300万美元，历史第一次超过4000万美元关卡。男女单打冠军的奖金最终超过330万美元，和2014年相比新增30万美元。此外，部分级别高的网球比赛只让全球排名表上较前的选手参与，如此在一年内可以让世界各国专业网球选手频繁参加比赛，最终得到更高的积分，持续提高排名，名次提高之后得到的比赛奖金以及广告签约费用也会随之增加。

3．女子动作男性化

选手的力量在网球运动中具有不容忽视的作用。女子网坛中的力量派运动员较多，此外占据优势地位的大部分是此类运动员，女子动作男性化的特征更加明显。WTA排名位于前列的网球选手大部分是力量派，比如美国网球运动员大威廉姆斯的发球时速高于200千米，这是普通选手不能达到的。即便女子网坛中占据优势位置的是力量派选手，然而我们也不能轻视技术的现实作用，比如美国的网球运动员威廉姆斯姐妹不只拥有强大的力量，此外也具有和技术型运动员相同的技术水平，此外她们的步法灵活，体力充足，在网坛上占据一席之地。

4．心理抗压能力在比赛中的重要性

在竞争日益激烈的网球比赛中，尤其是关键球的时候，选手的心理素养影响最终的比赛比分，大部分教练员和选手都开始重视到个人心理素养的关键性，此外强化心理素质的培训。在比赛重要时间点，假如选手心理素养高，此时其就可以把个人技术能力全面或超常发挥出来，给予竞争选手一定的压力。反之，假如选手心理素养不高，他们就不能充分发挥自身技术，甚至会造成失误，无法得到最终的胜利。目前，在世界网坛上，专业素养高的网球选手一般是战术水平高，体能较高以及心

理素养高的选手。因此，在培育网球选手的时候，不仅要增加体能和技能战术培训，此外心理素养的培训和教导也是重要方面，对球员的心理素养开展高效的培育具备一定的现实价值。要想在体育比赛中得到最终的胜利，选手就需要高效调节战术、体能以及心理三方面因素。只有调节三方面因素选手才可以发挥自身能力，获得最后的胜利。在现实培训过程中，心理素养的培训相对复杂，和技能战术动作不一样的是，其属于意识领域，不存在具体形态，因此无法在现实中捕捉到。技战术和体力在长久的科学培训以后就会得到提升，然而心理素养需要在较长的培训中养成良好的心态，提升个人掌控水平。

5. 稳定性是现代网球竞赛中得到胜利的关键因素

稳定性表示选手具备的维持动作结构以及功能相对稳定和在遇到外界干扰与影响止呕恢复到原本竞技状态的能力。选手在比赛的时候体能、技战术、心理和意志素养等各部分都直接表现在稳定性上。对选手竞技情况维持时间开展评估的现实标准是其所体现出的平稳性。实际上，在网球项目中，稳定性不仅包含某次击球或比赛中所体现出的稳定度，此外也包含在选手的网球训练以及比赛生涯中技战术、心理和意志等各方面的稳定度。

判定网球选手稳定性高低的主要标准是非受迫性失误。选手在正式比赛的时候相持能力与发挥度（量）一般表现在非受迫性失误上。通过分析可知，得到胜利的核心影响因素是选手的稳定性。根据研究可知，在四大满贯以及大师杯决赛中得到冠军的选手一般具备更高的相持能力，发挥度较高，非受迫性失误基本没有。失误送分问题少见，通常可以正常或者超常发挥个人水平。

当代网球事业的对抗性较为明显，攻防转换效率高，如果不注意也许就会失去分数，所以需要格外重视选手的稳定性，需要激发选手的防守积极性，不能长期维持相持状态，稳定性大部分表现在选手积极进攻以及在受到限制之后自主反攻的过程中。因此在网球、羽毛球等隔网对抗项目的分析中，格外关注受迫性失误率以及被迫性成功率等具备价值以及作用的统计信息。选手的稳定性可以在上述信息中直接表现出来。

6. 全能型打法逐步取代单一型打法

通过研究可知，目前网球运动员主要使用全能型打法，使用上述方式可以让他们获得超出70%的一发成功率和高于60%的发球得分率，使用此方式可以得到大概200千米时速的球后，发球方可以轻松得到ACE球。分析表示，目前网球选手具有不同类型的得分方式,可以均匀的覆盖攻击点面。

在网球竞赛中,球员的正手具有主导功能,正手发球、接发球都可以让对方承担一定的压力,在使用正手击球的时候也需要搭配使用完整的技战术系统,比如极具变化的反手、高速的步伐、精妙的网前截击等。在正式比赛中,正手击球一般可以得到较好的结果,利用上述击球方式得到的分数基本上占据总分的50%。换言之,超强的正手可以让运动员抓住底线优势。正手击球平稳且锐利的时候,可以帮助选手得到更高的分数,得到最后的胜利。显然网球技术类型较多,不能只限制在正手上,其余不同类型的击球也可以得到较好的分数。比如,反拍变化较多,打出的回球会超乎对方的控制,因此能直接影响对方的比赛节奏。在正式比赛的时候,使用全能型打法的选手也可以利用上网战术让对手承担较大的负担,利用顺利拦截球得到分数。很多时候选手会不固定地放网前小球,不同性质的打法会让对手措手不及,获得意想不到的结果。上述情况都体现出,选手在网球比赛中,使用全面主动的方式能占据较明显的优势,提升分数。

当代网球比赛中,大部分选手把上述技术和力量融合起来,主要体现在全能的技术、力量、技巧并重的全能型打法,其开始变成当代网球运动的主要趋势,大部分网球选手主要使用全能打法,把个人塑造成力量、技术等多方面优势的专业选手。

2.1.5 网球运动主要组织机构及重要赛事简介

2.1.5.1 主要机构

目前网球事业发展迅速,其知名度不断提高,当前的重点是创建成熟的运动管理组织,且开展高效的监管。所以,部分网球管理部门随之产生。现在,全球知名度高的世界网球运动组织部门包含三个,接下来主要对三部门开展详细的研究和探索。

1. 国际网球联合会(ITF)

国际网球联合会(International Tennis Federation,ITF)其前身是国际草地网球联合会(International Lawn Tennis Federation,ILTF),创建在1913年三月初,是组建时间最长的世界级别的网球部门。1977年,正式更改为ITF。现在,内部会员超过二百个,我国在1981年顺利成为会员。

ITF总部建设在伦敦,重点责任是管理与网球比赛相关的全部工作;主要修订和改善网球制度和规则；为发展水平不高的国家网球教练员提供培训业务；促进不同国家网球协会的沟通和交流，促进网球运动的发展；协调全球青年、成年以及老年比赛；激发普通大众对网球运动的积极性，吸纳普通民众参加进来，加快网球运动的普及。ITF并没有进行排名，然而其认可ATP与WTA的排名，属于目前规模庞大的网球比赛。

国际网球联合会每年都会安排一百项青年级竞赛，安排小于16岁的世界男、女青年团体赛，被称作"世界青年杯赛"。国际网球联合会主要负责全球重要的团体赛，也就是戴维斯杯赛（男子）以及联合会杯赛（女子）；主要引导以及调节四大公开赛，也就是温布尔登、法国、美国以及澳大利亚网球公开赛；主要管理奥运会网球比赛的决赛等。

该组织在全球领域内宣传网球，主要安排全部级别低的比赛以及青少年竞赛。男子比赛主要是希望赛以及卫星赛；女子主要是巡回赛以及挑战赛。ATP与WTA下属有众多球员，目前大部分人都需要在低级别比赛中奋斗维持个人训练状态以及经济收益，保证奖金以及积分。上述低级别的比赛，基本上是所有球员在变成专业水平高的选手之前需要走过的路。国内知名运动员李娜、彭帅、郑洁等全部从ITF等比赛中锻炼出来。

2. 世界男子职业网球协会（ATP）

ATP是国际职业网球协会（Association of Tennis Professional）的首字母缩写，由于其是全球男子职业网球运动员的"自治"管理部门，一般被叫作世界男子职业网球协会，此组织在1972年美国公开赛上组建。经过一段时间之后，该组织管理除四大公开赛以及戴维斯杯之外的全部高规格男子职业网球比赛。

1973年正式使用排名法，明显的问题是减少了部分专业网球运动员的参赛频次。1990年，此组织的管理者马克·迈尔斯为了提升比赛规格，第一次改变了长期使用的平均体系排名法。全新的排名方式更改了球员重视积分、轻视比赛的错误观念，新星以及赛季表现较好的人开始被人们所关注，促使选手对世界第一的抢夺更为激烈，吸引了更多民众的重视。为了确保比赛的客观以及公平性，在使用全新排名方式的时候，依旧使用旧的排名方式，双方共同进行。

ATP也更改了比赛制度和具体要求，利用缩减赛事来提升综合质量，把赛事缩减到九起，在上述前提下筹备巡回赛。为了确保每次比赛的质量，ATP与排名靠前的选手签署正式合约，选手需要按时参与此类比赛。

ATP核心工作是调节职业选手与赛事之间的伙伴关系，且负责以及管理职业运动员的积分、名次、奖金分配，确定比赛要求以及给予或取消运动员的参赛资质等多方面工作。其负责的赛事一般被划分成两类，也就是巡回赛以及挑战系列赛。

3．国际女子网球协会（WTA）

WTA是世界女子职业网球协会（Women's Tennis Association）的首字母缩写，创建在1973年，总部位于美国佛罗里达州。也是全球女子职业网球运动员的自治机构，由主席以及董事会来负责日常运营。和男子网球运动相同，该组织的重要责任是维护选手的正当权益，例如积分、名次、奖金配置、协调和赞助商、赛事筹备方三者的关系等。

选手在女子网球协会中拥有独立代理人，该协会可以直接确定当前巡回赛的全部标准以及要求，且支持表演赛，促使选手们可以放心地参加比赛，不需要害怕和职业比赛相矛盾。

WTA赛事系统比较单一，主要根据奖金高低被划分成1～4级。最低是4级，其中每个比赛总奖金是14万美元；第3级每个比赛将近则是17万～22.5万美元；第2级总奖金则是58.5万～65万美元；最高级别是1级，总奖金是126万～132.5万美元。

此组织冠军排名表示女子专业选手当年参与全部比赛所得到分数的总和，冠军名次是选手是否可以进入年终总决赛的主要标准。WTA世界排名表示女子专业选手在之前五十二个星期内16项成绩最好的比赛中所得到的分数总和（不容忽视的是大满贯以及强制参与的一级赛事需要计算到"16项赛事"中，假如缺少按照"0"分计算）。

2.1.5.2 重要赛事

目前网球事业发展如火如荼，高规格比赛不断增加。根据研究可知全球每年筹备的不同类型的男子国际网球比赛超过100多次，女子比赛接近100次。目前知名度最高的是英国温布尔登草地网球锦标赛、法国网球公开赛、美国网球公开赛、澳大利亚网球公开赛。筹备上述代表全球最高水准的比赛成为一项荣誉，上述比赛被各国民众称作四大网球公开赛，被我们统称为"大满贯"。

四大网球公开赛开设男、女单打，男、女双打以及混合双打五部分。主要使用淘汰制，男子比赛使用五盘三胜制，女子主要使用三盘两胜制。假如某位选手在一年内得到上述素有比赛的冠军，就是获得"大满贯"，这也是网球选手的最高荣誉。

近期，网球运动在全球各国都得到了一定的发展，普及程度持续提升，网球运动比赛开始增加。专业选手持续增加，产生百家争鸣的格局。比如费德勒、纳达尔、德约科维奇、穆雷等运动员成为广受赞誉的专业选手。

1. 四大公开赛

（1）澳大利亚网球公开赛

澳网是四大满贯中产生时间最短，但是在新赛季中最早进行的比赛。每年初，澳网在澳大利亚首都举办，男子和女子单打项目的奖金额度没有区别。2014年一月初，国内运动员李娜在澳网公开赛中得到最后的胜利，得到个人第二个大满贯。2016年女子单打冠军是德国运动员安杰利克·科贝尔，2015年则是运动员塞雷娜·威廉姆斯。

2014年初期举办的澳网公开赛男单决赛中，8号种子、瑞士知名选手瓦林卡打败全球第一拉斐尔·纳达尔（西班牙），在终结对纳达尔12连败的时候得到个人第一个大满贯冠军。2011年到2016年，去除2014年以外，男单世界第一始终是诺瓦克·德约科维奇（塞尔维亚）。

网球项目在1880年进入澳大利亚，1887年该国筹备首个草地网球比赛。1904年，为了可以参与戴维斯杯比赛，该国正式组建"澳大利亚（Australia）草地网球协会"，其负责人是澳大利亚网坛领导者诺曼·布鲁克斯与阿尔弗莱德·邓禄黄。该组织的主要责任是筹备且承接次年需要举办的首届网球锦标赛，该比赛在现在被叫作澳大利亚网球锦标赛，也就是澳网的最初形态。

1905年，首届澳大利亚网球锦标赛正式举办，在墨尔本的威尔霍斯曼板球场顺利结束。第一节比赛只开设男子单打以及双打两线，冠军都是本地运动员。1908年，美国人亚历山大变成第一位得到男单冠军的非本地选手。因为澳大利亚草地网协在组建的时候就吸纳周边的新西兰成为会员，因此在1905到1922年时期，该锦标赛始终在上述两国之间的主要地区轮流举办。一直到1922年，新西兰提出要组建单独的网球协会，脱离他国建设的协会，澳大利亚网球锦标赛此后开始在国内筹备，其中该国建设的草地网协的名字也更改为澳大利亚草地网球协会。同时期，此比赛开始增加女子组。

1941年，澳大利亚锦标赛由于第二次世界大战而无法顺利进行，1946年又一次开始，期间也沉寂了一段时间，然而在20世纪50年代之后开始得到大众的重视。1968年，国际网球体现出职业化特点且开启公开赛时期，澳大利亚锦标赛成为重要的比赛之一。1969年，比赛的名字被更改成澳大利亚公开赛，也就是我们所说的澳网。

20世纪80年代以前,因为场地不足,基础设施较少、天气炎热和奖金较低等现实因素,大部分专业选手不想参与进来。为了提高澳网的知名度以及覆盖率,澳大利亚网协不断加大改革力度,持续进行创新,把比赛时间确定在一月份,且延续到现在。1988年初期,把澳网比赛场地转移到近期建设的规模更加庞大的碎片公园网球中心,比赛场地从以往的草地球场更改成中速硬地球场。"澳网"场地是全部大满贯比赛中,功能最强大的硬地球场,可以为不同类型以及风格的运动员创造展现个人能力的平台,确保所有选手都可以充分个人潜力。1996年,碎片公园名字变更为墨尔本公园。澳大利亚网球公开赛体现出独有的特点,友善、活力、真诚、积极、热情,融合了国家以及民族的意识形态。

墨尔本公园网球中心的球场为罗德·拉沃球场,其他规模较大的场地是沃达丰球场,上述场地都有可开合顶棚,也是其他比赛所不具备的优势和特点。

(2)法国网球公开赛

法网是世界上规模庞大的红土比赛,每年5到6月在法国巴黎郊区的罗兰·加洛斯举办。罗兰·加洛斯场地,建筑体现出古典韵味、特色明显,彰显出曼妙的特征。2005到2014年的法网男子单打冠军,去除2009年是罗杰·费德勒(瑞士)以外,剩余时间的男子单打冠军全部是拉斐尔·纳达尔(西班牙)。到2014年,他总共得到9次法网冠军,夺冠次数位于世界首位。2016年男单冠军是知名选手德约科维奇。法网年纪最小的单打冠军是17岁的美籍华裔运动员张德培,还是首位带有亚洲血统的运动员获得冠军。

2011年,李娜得到女子单打冠军。2014年则是莎拉波娃(俄罗斯)。2016年被西班牙运动员穆古拉扎获得。

1998年,法国网协把法网的名字更改成"罗兰·加洛斯公开赛"。但是大众更喜欢将其叫作法国公开赛。

法网创建在1891年,其原本是法国网球锦标赛,在之前的一百多年时间内曾经因为两次世界大战而暂时停止比赛。1925年,之前只能让本国运动员参加的法网开始接纳国外运动员。1927年,通过测试以及调节,法国网协从巴黎郊区德乌泰尔港周围的法兰西运动场俱乐部租借三公顷土地,用来建设全新的场地。租赁时间是99年,主要标准是将罗兰·加洛斯作为球场的名字。

1928年中期,罗兰·加洛斯球场顺利建设完成,之后也变成法国最重要的网球场地。在随后举办的戴维斯杯比赛中,法国队打败美国队顺利卫冕,未来也获得六连冠的良好成绩（1927—1932年）。法网将比赛场地更改成罗兰·加洛斯。目前该网球中心也经历了数次建设以及维修。

法网比赛场地的主要特点是慢速红土，由于红土的特点是黏性强，运动员在击球的时候需要付出更大的力气。要想在这样的场地中得到胜利，不仅需要高超的技术，此外也需要充足的体力以及强大的意志。就是因为这样，法网还是目前为止冷门概率最高的比赛。

（3）温布尔登网球锦标赛

温网每年中期在英国伦敦西南区域的温布尔登镇筹备。在所有选手中，瑞士运动员费德勒到2016年为止总共得到七次单打冠军，此外在2003—2007年获得五连冠。2014年与2015年冠军被德约科维奇获得。

2000年之后，威廉姆斯姐妹（美国）两人总共得到11次温网单打冠军。2015年冠军被其他选手获得。

第一届温网比赛1877年筹备，那个时期的筹备方是全英槌球以及草地网球俱乐部。后者原本的名字是"全英草地槌球俱乐部"，组建在1868年，1875年正式引入"司法泰克"的草地网球项目，1877年更改了名字，且在当时筹备首届全英草地网球锦标赛（只有业务运动员可以参与），也就是温网的最初形态，温网也变成发展时间最长的赛事之一。

第一届温网仅仅开设男子单打项目，1884年，女单比赛才正式开设，总共有十三位运动员参加比赛。男双项在同时期成为重要的项目。1889年，女双与混双都被当作正规项目。1901年，温网最初只让英国海外领地的运动员参加；1905年，开始对全部国外运动员开放。

1877到1912年，温网的所有运营都需要让全英槌球以及草地网球俱乐部（也就是全英俱乐部）独自担负。1913年，为提高知名度，全英俱乐部把下设的三项比赛（男单、男双与女双）和英国草地网球协会（LTA）下设的五个比赛全部合并。从此时期开始，温网也就由全英俱乐部与英国草地网协合作筹备。

初期的温网比赛也制定了特殊的"挑战赛"要求，也就是前面的获胜者在次年比赛中需要打卫冕战，胜利就可以成功卫冕。此要求在1922年被废止。第一次世界大战时期，温网暂时停止举办，英国草地网协主要依靠内部会员的捐助才可以继续下来。一直到1919年，温网比赛才能顺利开展。

1920年，温网组委会组建全英俱乐部场地有限公司，利用发放债券的模式得到资金，两年之后把正式筹备地点从温布尔登沃尔普路转移到当前的教堂路，且建设了可以容纳将近一万五千名观众的体育场。

1940到1945年，因为第二次世界大战的波及，温网又一次暂停举办。随后在1946年开始顺利举办，即便英国网球的巅峰已经过去，但是温网的国际知名度持续提高，非本土选手开始获得冠军。20世纪中期的温网基本上都是美国运动员获得冠军，他们基本上垄断了所有冠军。

1968年，温网开始接纳职业运动员，变成国际知名的温布尔登公开赛。1977年，温布尔登草地网球博物馆在比赛时期正是建设完成。发展时间超过100年的温网制定了一项对当前网坛影响深远的制度——外卡制度。2001年，克罗地亚运动员伊万尼塞维奇变成第一位持外卡参加比赛且得到男单冠军的运动员。

（4）美国网球公开赛

美国网球公开赛是每年度第四项，时间最晚的大满贯比赛，一般在每年8月底到9月初正式举办，比赛总共被划分成男子以及女子单打、男子以及女子双打与男女混合双打五个项目，此外也开设了青少年组的比赛。在1978年之后比赛在纽约USTA国家网球中心举办。此赛事具有较高的知名度以及更高的奖金，所以每年可以吸纳大量来自全球各地的网球选手的参与。其中球场可接纳79987名观众，在核心看台可以容纳观众6000人。美网公开赛凭借自身的激情、豪迈、激情，吸纳全球各个地区的观众。

在1968年之后，在纽约森林山举办的汇聚美国五项核心网球比赛为一体的美国网球锦标赛成为正规公开赛。通过组委会的持续奋斗，美网开始从业余比赛变成当前全球奖金最高的大满贯比赛。当前在美国网球中心举办的网球公开赛可以吸引五十多万的观众来到现场。

公开赛时期之后，约翰·麦肯罗之前在1979到1981年得到三连冠的成绩，伦德尔之前获得三连冠的成绩，费德勒是1924年以后第一位在美网得到五连冠的运动员。

公开赛时期之后，美国女子运动员克里斯·埃弗特也获得过四连冠，总共得到六次胜利。塞雷娜·威廉姆斯在2015年之后得到六次胜利，在2012—2014年接连获得胜利。2015年女子单打胜利者是意大利运动员佩内塔。2015年男子胜利者是德约科维奇。

2. 著名团体赛

（1）戴维斯杯男子团体赛

戴维斯杯网球赛的举行周期是一年，主要由国际网球联合会承办，是去除奥运会网球赛以外历史最久的团体比赛。最初是美国人戴维斯提出，第一场比赛在1900年举行。该比赛是不同国家竞争荣誉的团体比赛，没有提供高额奖金，但是胜利的队伍可以获得银质奖杯。首次比赛团队只有英国与美国，在长时间的发展之后总共有超过一百多国家参加比赛。2015年，英国队得到最后的胜利。

目前参赛队伍持续增加，开始增加区域赛，进一步创建欧洲/非洲区、美洲区以及亚洲/大洋洲区，且在1972年废弃挑战赛制度，比赛制度从16个实力强大的国家队组建世界组，世界组被分成8个种子队，在两两对决之后，前八强获得戴维斯杯。在世界组以及按照区域分类的组织之间使用升降级制。由世界组第一轮失败的八个球队与欧洲/非洲区、美洲区、亚太区区域前两名的队伍进行预选赛，胜利的队伍可以进入下年度戴维斯杯世界组，失败的就进入各个地区的比赛。不同区域赛也会参考不同国家以往的成绩被划分成A组与B组，A组实力最高，不同组之间也开始使用升降级制。

（2）联合会杯女子团体赛

1963年，为祝贺国际网联组建50周年，开设联合杯网球比赛，周期是1年。联合杯网球赛与戴维斯杯的知名度旗鼓相当，都是规模庞大的比赛之一，可以清楚的体现出不同国家的网球水平。2015年，该决赛在捷克举办，最后捷克队以3∶2的成绩战胜俄罗斯队，获得冠军，在5年内获得4次冠军。

联合会杯是每年一次的世界女子顶级团体比赛。1980年，联合会杯赛第一次得到日本NEC企业的资金支持。此后，比赛也增设了高额奖金。参加国家不断增加，国际网联也制定区域资格赛制，也就是去除上届前16名的国家成为世界组之外，剩余国家按照区域进行划分，进行区域资格赛（主要使用分组循环，交叉淘汰制），得到地区赛前两名成绩的国家进入外围赛，和当时世界组第一轮失败的队伍进行预选赛，胜利的队伍进入下年度比赛。该比赛使用的制度进行数次调节。在2001年之后，进入决赛周的8个国家也开始进行分组循环，得到小组前两名的队伍进入半决赛，主要使用交叉淘汰制，胜利的就可以得到联合会杯。废除以往对上届冠军队留存的直接参与决赛的特权，确保比赛的公平性以及合理性。

3. ATP大师赛与WTA顶级赛

（1）ATP大师赛

①ATP世界巡回赛1000大师赛

ATP世界巡回赛1000大师赛（ATP World Tour Masters 1000）是ATP开设的世界巡回赛的某个部分，也被叫作"ATP1000大师赛"或"ATP大师赛"。上述比赛总共包括九个站的大师赛，主要在欧洲、北美洲以及亚洲举办（2009年之后）。上述比赛对专业男子网球运动员来说格外重要，甚至只低于网球四大满贯以及ATP世界巡回赛总决赛。在2008年之后，比赛开始更改成三盘两胜的赛制。去除蒙特卡洛大师赛以外，其余8项比赛都体现出强制性。每个比赛的冠军都可以得到1000积分。

②ATP世界巡回总决赛

ATP世界巡回总决赛，每年底在各个国家举行，但是只有在比赛中得到最佳成绩的少数运动员才有资格参与比赛。在精英赛上得到胜利是运动员最高的荣誉，等同于得到大满贯。塞尔维亚人诺瓦克·德约科维奇也连续获得过ATP总决赛的胜利。

（2）WTA顶级赛

①皇冠赛：是WTA承办的最高标准的网球比赛，奖金与积分是巡回赛中最多的，胜利者可以得到1000分。主要包含4个比赛，详情为：印第安维尔斯大师赛（巴黎银行公开赛）、迈阿密大师赛、马德里大师赛、中网网球公开赛。

②超五巡回赛：由WTA成本的较高规格的比赛，奖金以及积分处于中等水平。

赛事：多哈/迪拜赛（超五顶级每年进行更换）、罗马赛、辛辛那提赛、蒙特利尔赛（罗杰斯杯）、武汉赛（2014—2028年）。

③顶级巡回赛：由WTA承办的普通规格的比赛。比赛主要包含：布里斯班赛、悉尼赛、查尔斯顿赛（家庭生活圈杯）、斯图加特赛、伊斯特本赛、斯坦福赛、纽黑文赛、莫斯科赛、伯明翰赛等。

④WTA年终总决赛：出现在1972年，主要由WTA（女子职业网球组织）承办、也是女子网坛中最高规格的比赛。在2012年之后，此比赛一直在伊斯坦布尔举办，只有当时分数排名靠前的运动员才有资格参与此项比赛。在2015年比赛中，A.拉德万斯卡第一次获得总决赛胜利。

2.2 体育产业概念

2.2.1 体育产业

"体育产业"词语目前出现在众多政府资料、新闻传媒和专家书籍中。但是，因为体育产业进入国内的时间不长，此外西方国家体制和国内存在差异，体育成熟度不同。所以，对"体育产业"的划分以及了解，不同国家或相同国家的不同地区，对具体概念的理解各不相同，因此我们需要根据实际情况进行分析缓和探索。

2.2.1.1 体育产业是体育服务业

体育产业表示以劳动形式为外界提供不同体育产品的系统，也就是体育服务业的简称。因此，将体育产业划分成健身娱乐业、竞赛表演业、咨询培训业、旅游业、体育经纪业以及博彩业。上述理论将体育产业严苛地界定在体育运动原本可以为外界提供的服务。

此理论的现实基础是英国经济专家阿伦费希尔在20世纪30年代指出的，且被全球大部分国家所使用的"三次产业分类法"以及因此产生的国内生产总值的计算方式。国内在20世纪80年代中期开始使用此分类方式。1985年我国政府制定的《国民生产总值计算方案》，第一次将体育事业划分到第三产业中，也就是"为提升科学文化能力以及民众素质服务的组织"。1992年我国政府部门以及国务院制定《关于加快第三产业发展的决定》又一次明确了上述提法。

2.2.1.2 体育产业是与体育运动有关的一切生产经营活动

体育产业的根本属性是体育运动中所包含的经济意义。使用市场经济方式全面发掘当前体育事业经济价值的所有生产经营活动，就是目前我们所重视的经济社会中的体育产业。持此理论的专家指出，体育产业主要由相关物质产品的制造以及经营和相关服务产品的制造与经营两方面组成。其不仅包含健身娱乐、比赛表演、咨询培训以及经纪等相关方面，此外也包括相关服装、基础设备、食品和功能饮料等制造与经营。所以，上述观念被称作广义体育产业。此观点的主要凭证为：体育消费从本质上影响体育产业。有怎样的体育消费就会出现怎样的市场，当前市场内的主客体就组成体育产业。因为体育消费主要是购买体育产品以及相关服务两部分，所以，体育产业在组成上就是物质以及服务产品的制造和经营业务的结合。大部分国家的专家学者认可此理论，我国主要专家的看法为：

首先，体育产业表示以体育本体产业为核心，和体育运动相关的所有日常制造与运营行为。按照种类可以被分类成三部分：第一是体育本体产业，表示由体育组织负责监管，发挥体育本身价值以及影响，以提供体育服务为核心的日常制造以及经营行为，比如竞技体育行业、群众体育行业、场地行业、技术行业、无形资产业等；第二是体育有关产业，表示和体育相关的其余行业的日常制造以及经营行为，比如体育场地、基础设备、产品、服装、传播媒介等日常制造与运营活动；第三是体育内部行业，表示从事体育职业的人员，在分工、分流之后所承办的产业，主要利用体育组织的现有资源，所开展的其余不同类型的生产经营活动。"体育产业化"本质上是在满足当前社会经济发展需求，符合当代体育运动本质规律之后，发掘体育的经济价值，将体育和经济全面融合起来，进而提高体育行业的综合造血水平，创建相关经费的补偿制度，确保行业正常循环的过程。

其次，广义层面的体育产业跨越三个传统产业。比如高尔夫球牵扯到草皮植被，赛马牵扯到畜牧业，上述众多案例都和第一产业相关；学校体育、竞技项目以及身体训练所需要的基础设施的生产目前被划分到第二产业；场馆租赁，基础设备的出售、租赁，不同运动的教育培训被划分到第三产业；而部分高新技术、新闻媒体传播方式和信息化时期的来临，预示体育事业和四产业也会建立一定的联系。所以换言之，体育产业会根据社会经济的发展情况做出相应的改变，产生跨系统种类且体现出特殊之处的独立产业。

再次，体育产业表示从事有关服务产品的制造与经营的组织与机构。其一般包含：第一，针对社会开放的体育场地以及基础设备等相关服务；第二，仅供欣赏的不同类型的高规格运动比赛以及表演服务；第三，为培育专业运动人员而供应的不同层次的训练服务，为大众提供健身、健美、体育娱乐的知识、技术以及锻炼方式的不同类型的培训服务；第四，针对部分慢性病病人或肢体受损的病人提供运动处方，体育医疗康复方案等。体育产业化的根本属性是在我国社会经济环境中，进一步激发体育的产业属性，提高整个行业的经济水平，进而回馈给体育自身，确保其得到良好的循环，促进经济以及社会效益的共同发展，满足大众对体育产品以及服务的现实需求。体育产业化是行业运营从福利型、公益型或事业型转变成经营型的重要变化，其根本属性是按照社会市场发展的主要需求优化以及改善行业的发展形势，其重点是更改计划经济制度下的运营模式，创建满足社会经济需求，符合体育行业本质规律的运作制度。

最后，体育产业是由不同种类的生产组织产生的复杂产业，表示为满足大众体育需求而开展日常制造以及经营活动的经济人群，目前不仅包含不同类型的以体育运动项目（比如比赛、表演、健身等）为核心产品的机构，也包含和体育事业发展相关的服装、基础器材的制造部门等。

2.2.1.3 体育产业是体育事业中可盈利的部分

持此理论的专家指出，体育产业表示在体育事业中不仅能进入市场，此外也可以得到经济效益的部分。主要从经营经济学以及市场学层面划分体育产业。此理论的现实凭证为，所有产业都需要在市场内建立商品货币联系，缺乏市场的产业并不现实。体育产业最终被划分到哪个产业不是重点，最重要的是体育运动中最终包含怎样的运动项目或活动内容能否顺利进入市场，是否可以得到预期的经济效益。换言之，体育事业整体上无法被划分成体育产业，可以被划分为体育产业的仅仅是其中能进入市场，且得到经济效益的某个部分，而无法进入市场，需要依赖政府财政扶持的项目目前被叫作事业。比如，我们将足球、篮球、围棋等运动项目叫作体育产业，但是田径、游泳、体操等项目被我们叫作体育事业。持有此理论的专家事实上将体育产业当作持续变化的概念，在专家的观点中，发展体育事业是持续把体育事业推进到市场中，此外伴随体育产业化进度的变快，事业比例会持续缩减，产业比重会持续提高。

比如，体育产业属于复杂的概念，其一般表示全部体育活动和行为的主体以及客体，而不只是归属于体育组织的少数主体与客体，对体育活动的管理需要覆盖整个国家，不能简单地限制在体育组织；体育产业化主要根据我国社会经济的现实需求以及行业发展基本规律进行组织、运营和发展。

体育产业最少被分类成两部分：体育产业化的核心以及外延部分。目前我们所研究的核心部分表示某个运动活动以比赛为重点，确保市场化水平的持续提高，产生一定的规模，最终体现出的产业现象。上述产业化对体育事业的发展具有不容忽视的影响，其促使体育运动开始进入稳定发展时期。目前我们所研究的外延部分表示和体育相关的全部组织与机构所实施的产业化。专家对体育事业的发展具有一定的积极影响，然后影响有限。

2.2.2 我国体育产业的发展

2.2.2.1 我国体育产业的兴起

体育产业在国内的产生和发展具有深厚的历史因素。最初在1952年组建归属于我国行政部门的中央体育运动委员会。该委员会在最早建设的时候就获得毛泽东的题词"发展体育运动，增强体质"，为未来体育事业的发展奠定了良好的基础，也就是将体育运动当作方式，提升国内民众的综合体质，摆脱以往的屈辱。不久之后，全国各个地区开始借鉴中央的组织系统，建设地区的体委制度，确保体育事业得到良好的发展。体委创建之后，首先以发展群众体育活动为重点，比如根据苏联制度修订"劳卫制"，此外，也着手建设竞技体育组织，且按照苏联以及其余东欧国家的竞技体育发展方式，建立沿用到现在的"举国体制"。在上述体制的实施中，体育成为国家的重要事业，特别是竞技体育，为了在短时间内获得较大的发展，在我国经济发展水平不高的时期，由政府出资建设，费用全部由政府支付，上述体制获得良好的成果。客观研究那个时期使用的体育体制，不只提升了国内体育事业的发展能力，此外帮助我国在世界竞技体育比赛中得到良好的成绩，激发我国民众的爱国精神。此外，也为当前体育产业的稳定发展营造了和谐的环境。然而，举国体制也存在一定的问题和纠纷，针对经济情况进行分析，比如费用较高、经济效益较低、体育竞赛制度固化呆板、运动员素养较低、产业化水平不高等。显然，有专家并不认可使用"举国体制"来描绘目前我国所实施的发展体制。

党的十一届三中全会是我国发展历史中的重要事件。在此次会议中，党中央提出把发展重点转变到经济建设上，提出了未来的发展战略。对于社会经济的发展方式，那个时期我国缺少经验，基本上是依靠自己去摸索。我国各个产业以及公司都开始思索未来的经济发展问题。思想解放运动的出现，促使我国产生发展社会经济的浪潮。大众参考我国现实状况进行实验和创新，出现不同类型的经济成分，在一定程度上促进了经济发展。在上述宏观环境中，体育人进行不断的思索以及研究。体育是否会遇到经济问题？体育能不能得到经济效益？怎样使用体育资源筹集资金，处理费用缺少等问题成为当时负责人需要处理的现实问题。值得庆幸的是，那个时期的体育人员拥有饱满的热情，为国内体育事业的发展不懈奋斗。国内体育产业主要依照两条路线开展：首先，在我国体育行政组织（国家体委）以及基层机构中，使用当前各类资源，发展以弥补体育经费为核心目标的体育创收项目，基础定位是"第三产业"劳动服务企业。当时，有部分管理者指出体育的财务管理工作是体育经济发展的关键构成方面，上述模式被叫作本体产业；其次，有关公司专注于体育产品的制造以及生产，上述活动被部分专家叫作相关产业。上述方式在20世纪80年代早期就出现了雏形，国内体育产业的发展开端位于全球体育产业的高速普及以及推广阶段，也就是西方国家体育事业的发展高峰阶段，所以在一定程度上促进了国内体育事业的发展，促进国内体育产业的长久稳定发展。

2.2.2.2 我国体育产业发展的阶段

1. 探索尝试阶段（1979—1992）

在"有计划商品经济"的改革理论引导下，我国体委确定了社会组织参加促进体育发展的方向，然而上述时期的体育产品开发只限制在租赁场地等对某些有形资产的浅层发掘上。早期的体育产业随着对外开放以及体育事业的崛起而发展，其现实因素是体育事业的发展资金较少，其早期资金投入源自我国管理组织和相关机构，发展主要场合以及方式是依靠体育事业现有的基础设备，确定体育场地的经营方向是"以体为主，多种经营"，"从事业型变成经营型"，目前不同项目基本上都具有体育教育培训、锻炼身体、发展娱乐等功能。在20世纪80年代，专家针对产业是否是产业的问题进行讨论，大部分专家觉得需要研究与体育相关的经济问题。但是，当时体育的经济问题一般专注于政治经济学层面，研究与之相关的财政问题。体育属于复杂的产业，其研究以及论述较少。

国内体育产业的转折点源自足球，我国足球人最先进行艰苦的探究。国内足球事业在当时是全民重视的运动项目，因为20世纪80年代接连冲击世界杯的失败，专家以及普通民众都在思考失败的原因。我国媒体播放欧洲的职业足球比赛，世界杯开始进入球迷的内心深处。大众获得启迪，觉得发展职业运动可能是正确的方向。因此，1992年中期，我国足协在首都西郊红山口举办工作会议。主要将改革作为主旨，开始将足球当做未来改革的着手点，明确我国足球坚持职业化道路的正确方向。次年10月，我国足协在大连举办重要会议，确定在1994年之后开启足球职业联赛，且研究确定我国足球未来十年的计划。次年，开始在我国宣传足球甲A联赛制度。换言之，我国体育产业（或本体产业的崛起）主要目标不是获得经济效益，而是提升竞技运动成绩。通过长久的摸索和探究，国内职业足球依旧存在很多现实问题。然而，职业足球存在的问题成为开启我国职业体育的诱因，且促使大众扭转了对传统竞技体育的观点，具有深远的历史影响。

职业足球的变革，获得较高的经济收入，激发其余体育运动项目的改革，最终走向职业化道路。在政府引导以及策划下，在20世纪90年代底，我国建设足球、篮球、排球、围棋四个项目职业体育俱乐部以及准职业体育俱乐部，剩下有能力的竞技体育项目，也着手准备走职业化道路。在我国体育职业化进程中，不仅得到政府的扶持以及引导，此外也有市场的影响。目前，高尔夫球发展水平较高，1986年和其他国家有关部门合作策划首届"中山杯"高尔夫球赛，其他国家的职业高尔夫球运动正式在我国发展。

当时体育产业位于高速发展时期，根据有关数据可知，1978到1992年，国内体育产业效益超过16亿元人民币，年平均增加493.7万元；1992年我国体育用品出口效益大概是3亿元，在1984年之后年涨幅超过35%，明显超过同阶段文化产品出口额年均涨幅25.8%以及轻工业年均涨幅22%。然而因为体育产业发展时间短暂、起点不高，在国内产业结构以及体育投资中的比值比较低，1992年体育系统得到的效益只占据综合投资的1/10；1992年世界体育用品贸易业绩超过600亿美元，我国体育用品出口量只有1/200。总而言之，此阶段对体育产业的认知以及改革，大部分都流于形式，专注点是经济贸易，体育仅仅是促进经贸发展的方式，去除比较明显的广宣传效果之外，最终产业地位和商业价值也没有获得大部分专家的认可和支持，因此无法成为经营发展的核心。

20世纪80年代早期，国内社会经济出现明显的改变。在党的十一届三中全会中明确了全新的战略发展目标，我国社会经济的发展成为重点。在我国发展战略以及目标的指导下，经济发展开始变成各行各业人员的重点。作为我国体育事业部门以及其他组织，他们也深入研究经济问题。此时期的经济问题一般是怎样使用财政资金，换言之是财政学分析的课题。理论研究人员以及管理人员从多个角度着手全面分析此类问题，最终得到的分析数据深刻地影响了未来体育事业部门的发展以及改革。国内体育产业在20世纪80年代早期开始发展，通过10多年的发展，产业框架大致建立完成，作为社会经济的全新增长点，成为大众瞩目的焦点。尤其是近期，在我国消费需求较少，启动问题较多的现实环境中，体育消费稳步增加，市场发展前景好，当前体育产业开始变成发掘消费、增加内需的重要动力，且体现出强大的发展潜力。体育产业相关研究课题也得到我国政府以及各界专家的关注。

当然，该阶段的体育产业经济学理论还很不成熟，对体育产业的关心也仅仅局限于体育系统内部。由于当时体育事业性质是十分确定的，人们还不可能从产业的角度去认识体育。虽然对体育经济问题有所察觉,但还不足以成为一门学科。不过这些理论研究和实践总结为体育产业经济学的研究打下基础,是该学科最初的探索。这是我国体育由福利型向产业化方向转变的第一阶段,这个阶段主要在体育界进行了一些经营性活动的初步尝试。

2. 全面发展阶段(1992年至今)

1992年邓小平同志的南方谈话中明确提出了建设社会主义市场经济体系的伟大构想。这一理论在党的十三大上予以明确。市场经济理论的提出彻底解决了长期困扰理论界的难题,我国经济理论迅速与国际接轨。西方经济的理论思想逐渐在经济建设中起主导作用。当然,我国的市场经济理论是具有鲜明的社会主义特色的,但它不排斥先进的经济思想。对体育经济学的理论研究来说,社会主义市场经济理论彻底打破了理论禁区。体育走产业化、社会化的道路已成为体育事业改革的基本方向。在理论的指导下,有关体育经济问题的研究方向发生了巨大变化。体育产业逐渐成为研究的重点问题,一批有代表性的理论文献涌现了出来。随着职业竞赛的不断发展,体育产业的影响力逐渐上升,各级部门和地方政府也开始关注体育产业问题。1998年,国家体育运动委员会更名为国家体育总局,由原来的国务院职能组成部门调整为国务院直属的事业单位,同时,明确了协会实体化的发展道路,从而标志着我国体育改革的全面启动,标志着我国体育发展进入了一个崭新的历史时期。职业足球兴起为国内体育体制的改革提供一条发展思路。而奥运会成功的商业化运作模式和越来越多的国外职业体育运作模式,以及国际体育产业现实的良好的发展空间,不仅使体育行政部门充分认识到体育可以创造经济效益,而且可以成为国民经济的增长点之一。为此,国家社会科学基金就此展开立项,专门研究体育产业能否成为国民经济增长点问题。之后,很多相关省市也开展了本省体育产业问题的研究。

我国体育产业的发展一直是沿着两条道路展开的:第一是体育事业转型,第二是市场相关主体的不断介入。体育事业转型是以职业体育为先导的,据有关专家估算,1999年我国体育产业市场规模有近800亿元人民币(约占我国GDP总值1%左右);体育系统经营收入(包括体育彩票收入)约为50多亿元人民币(约占体育系统经费来源总额的60%以上)。据国家体育总局预测,2010年以前,我国体育产业总产值与增加值将以每年20%的速度增长。预计2010年,仅广东、浙江、北京、辽宁等体育强省、市,其体育产业增加值占我国GDP的比例就可能超过0.58%,对GDP的带动可达2770.73亿元。体育产业是关联面极广的上游产业，它作为我国国民经济新增长点的趋势越来越明显。

党的十四大以后，社会主义市场经济体制目标确立，体育发展逐渐转变为面向市场、以产业化为目标。国家体委为建立与社会主义市场经济体制相适应、符合现代体育运动规律、充满活力、自我发展的管理体制和运行机制，进行了深入的改革。1992年提出体育要实行"六化六转变"的改革，把发展体育产业，培养体育市场作为深化改革的一项重要内容。1993年，国家体委提出了《关于培育体育市场，加快体育产业化进程的意见》。6月，全国首次体育产业工作会议在南京召开，会议形成了体育事业发展面向市场、走向市场、以产业化为方向的共识。随着全民健身计划、奥运争光计划的颁布实施，体育系统内部将会努力挖掘和利用体育自身的商业价值和经济功能，以实践大力开拓产业领域，积极引导体育消费的目的。社会各界和体育系统形成了一个较大的合力，使体育事业的发展在社会化、产业化的发展道路上迈上了一个新的台阶。

我国加入WTO之后体育产业的发展空间进一步扩大，尤其是体育相关产业的发展势头更好。从20世纪末开始的体育产业理论研究取得的成果是非常丰富的，也造就了一批著名的体育产业理论学者。许多学者从体育消费、体育市场、体育产业经济学理论构架等等许多方面开展了丰富多彩的研究工作，取得了相当丰富的研究成果。

2.2.2.3 我国体育产业的重点行业

应该说，我国体育产业的发展与国际体育产业的发展具有一定的同步性。体育健身娱乐业、体育竞赛表演业、体育彩票及体育新闻传播业的发展极为迅速。

1．体育竞赛表演业

竞赛表演业是竞技体育产业化的实体形式。由于竞技体育在整个体育当中最具活力、最具影响力，所以竞赛表演业在整个体育产业当中也是最具影响和辐射力的部分。竞赛表演业的发展，一方面会有更多的运动项目进入职业体育市场，各类职业体育组织（职业体育俱乐部、职业体育联盟）拥有的无形资产的市场价值也会升值，并能得到有效的开发，如电视转播权、广告冠名权、俱乐部标志的特许使用权等。另一方面竞赛表演业的优先发展还会带动健身娱乐业、体育中介业、体育用品业、体育媒体业、体育博彩业，甚至一般服务业，如餐饮、旅馆、交通、旅游等相关行业的快速发展。所以，尽管竞赛表演业自身的产值在相当长的一段时间内很难

第2章 相关概念界定及理论基础部分

超过体育健身娱乐业等其他体育产业，但是，由于它的发展关联度大，能带动其他行业的快速发展，把它确立为整个体育产业发展的重点不仅具有战略意义，而且可操作性强。当前中国体育竞赛表演呈现出多样化的发展趋势，一些新兴的运动形式正在走入我国的竞赛表演市场。世界一些职业体育人也开始关注开发中国市场。NBA引入中国，世界著名俱乐部先后来中国访问，甚至有一些俱乐部已经与国内建立了广泛的市场关系等都说明中国市场的吸引力。近年来，一些国际上新兴的、影响力很大的职业运动在我国发展势头良好。如职业高尔夫球运动，各种拉力赛、越野赛、职业网球年终总决赛等等，这也为我们学习国际先进的经验提供了直接的教材。在注重引进的同时，我们也开始开放市场，尤其是职业体育劳动力的开放程度已经达到了相当高的水平。姚明的出现更是加深了人们对NBA的关注。

培养和造就我国体育市场经营管理的专业人才是进一步培育和拓展我国体育市场，不断满足人们体育消费需求的重要前提。当前，我国体育市场急需一大批既懂体育，又熟悉现代经营管理理论与方法的体育经营管理的人才。从我国体育市场的实际出发，体育经营管理专业人才的培养可以通过组织并鼓励体育经营单位的有关人员岗位培训、在职进修和通过招聘引进一些非体育部门的经营管理人才到体育经营单位从事体育的经营管理工作，以及通过在有关的体育院校设立体育经营管理专业，或与财经类大学合作，开设体育MBA系列课程等途径，集中培养适应我国体育产业化发展需要的，主要从事体育市场经营管理工作的高层次专业人才。

北京成功申办奥运会后，有关利用北京奥运会大力发展体育产业的问题已经提上了议事日程。经过20多年的发展，国际奥委会已经形成了一整套的经济开发运作模式。对于奥运举办城市来说，也有相应的开发形式。北京申奥成功后，国际奥委会对北京奥运会的产业开发指导更加直接。这使得我们可以近距离接触国际先进体育产业开发经验，有效利用北京奥运的有利时机，从人才构建、体制改革、经营运作等多方面提高我国体育竞赛表演业的发展水平。

体育竞赛表演业的发展既需要传统项目水平的不断提高，也需要不断创造新型运动项目。我国对新型体育运动项目的重视程度也非常之高，2003年11月18日，国家体育总局宣布电子竞技运动为我国第99个正式体育竞技项目。目前，在我国电子竞技运动开展得比较普及，水平是很高的。其他的一些新兴运动项目在国内正在兴盛起来，如深受青少年喜爱的极限运动等。

2. 体育健身娱乐行业

从20世纪80年代开始，中国经济进入了快速增长期。人民物质生活水平的不断提高，促使人们开始关注自身的生活质量，对健康问题更加关注。这些变化使得人们开始更加关心健身行业。1995年实施《全民健身计划纲要》，我国政府对国民体育锻炼更加重视，国民的体育运动热情不断增长。

健康包括身体健康、心理健康和社会适应等几个方面。应该说，身体健康是一切健康的基础，没有身体健康其他的也就无从谈起。我国健身娱乐行业的发展充分说明了经济发展的重要基础作用。人们的劳动方式转变为该行业发展提供了保证。今天中国劳动者正逐渐摆脱体力为主的劳动方式，尤其是中、重度体力劳动的比例不断下降。体力劳动减少的同时营养水平有了很大提高，代之而起的便是肥胖问题和由此引发的一系列身体疾病。生活方式的转变也是促发行业发展的又一动因。当代中国人力资源相对过剩，为了获得好的工作职位，人们不得不将更多的时间用于学习和提高工作效能。人与人之间的相互联系少了，紧张、过度劳累的现象不断加重，心理疾病在中国人中已经蔓延开来。体育具有强身健体、消除疲劳、增进交流等社会和生理功能，与其他行业相比，体育运动不仅可以解决单一问题，而且往往可以一举多得。正是体育的特殊功能使之在现代社会越来越受到青睐。生活水平的提高使得人们对参与体育的各种环境有了新的要求。体育健身成为一种服务行业的时机已经成熟。可以说从20世纪90年代后，一个新兴的体育健身行业逐渐在我国发展起来，并迅速成为体育产业中重要的行业，也是发展势头最迅猛的行业。

当然，我国的健身娱乐业还存在很多问题需要进一步研究，尤其是农村地区，健身娱乐还没有形成市场。有关调查表明，我国农村地区的健身娱乐还不够理想，体育人口非常少。虽然国家也十分重视农村体育的开展，但由于农村受经济、社会、文化条件的限制，体育健身娱乐在农村地区的广泛开展尚待时日。在国民体育健身运动的行列中，青少年和老年人中体育人口所占比重较大，而有经济基础、年富力强的中青年人却因为各种原因参加体育运动不多，这就直接影响了行业的发展。

3. 体育用品行业

我国已经成为世界第一的体育用品生产大国。早在20世纪80年代，吸引外资已经成为国内经济发展的重要动力。一些世界知名的体育用品生产厂商看好我国的劳动力价格低廉、产品原料丰富而且价格低、政府优惠政策多等优势，纷纷在国内建厂和合作生产。良好的市场前景也吸引了国内厂家的注意，一些老的体育用品生产企业抓紧改制，一些新的企业迅速上马，形成了多头并举的态势。我国体育用品业在改革开放后经历了两个发展阶段：

第一阶段：国外厂商进入国内市场。这一阶段，国内原有厂商由于生产工艺落后、技术能力不强和企业负担重等原因，没有顶住来自国外企业的冲击，在市场竞争中不断滑坡。一些厂家更是陷入了破产的境地被迫转产。曾经在体育服装、鞋袜、用品等领域的厂商很多已经转产了。这一阶段国内一些新兴的体育用品企业逐渐成长起来，以李宁为代表的体育用品人开始了实践探索。还有一些国内老品牌开始重视市场竞争，不断积蓄力量，在竞争中生存了下来，并发展壮大起来。

第二阶段：与国外厂商展开竞争。随着国内体育用品市场需求的不断增加，生产与国外产品有差异性产品是国内企业新的增长点。国内产品毕竟价格有竞争优势，在低端的体育用品市场上取得了压倒性优势。当然，应该看到，这一阶段国内体育用品市场上充斥着假冒伪劣商品，这种现象还比较严重。不过，完成了资本原始积累、人才培养、体制转型，生产技术好的国内企业开始大量占据市场。一些国内知名品牌在许多体育用品领域取得了较大的市场份额，形成了中国名牌。不过，直到现在，国内企业的体育用品生产核心技术、市场开发等方面还处于劣势。出口商品中大多数属于贴牌商品，这是今后应该十分重视的问题。

4．其他行业发展状况

我国体育新闻传播业的发展势头非常迅猛。体育新闻传播过去只是作为很多新闻机构的一个副业来经营的。新闻传播业关注的是大众需求，体育在现代社会的重要作用和广泛的群众基础引起行业高度重视。中央电视台仿照国外电视台的形式创办体育频道是体育新闻传播业发展的一个里程碑。北京奥运会是对中国体育新闻传播业发展的一个极好的机会。现在，中国体育传播业已经开始与国际开展广泛的合作，提升了行业水平。体育彩票业是由国家兴办的一项体育行业。我国发行体育彩票历史，1984年北京举办马拉松赛时开始发售彩票用以筹集资金。到今天，体育彩票的品种和形式越来越多，有即开型和电脑体育彩票，玩法上更是丰富多彩。体育彩票是筹集体育资金的重要手段。我国体育彩票的销售额总体上呈持续上升的趋势。2000年销售90.72亿元，2001年销售149.30亿元，2002年实际发行了217.73亿元，2003年有所下降，为201.23亿元，至2014年长至1746亿元。但是，由于体育彩票行业发展时间尚短，管理经验不足，经营禁区还有待冲破，以及有关人员的不正当经营行为，造成了地下黑彩市场十分猖獗。这些问题都有待进一步的解决。另外，我国体育建筑行业、体育教育等诸多行业也有了良好的市场前景，为人们所看好。

2.3 网球产业概念界定及分类

2.3.1 网球产业概念界定及分类

　　体育产业表示为社会提供体育产品的相同经济活动的汇总和同种类经济组织的汇总。参考体育行业的概念和各国探究结论，把网球产业定义确定成网球管理、比赛表演、健身休闲、网球有关服务和产品生产、营销、贸易的经济群体以及活动的汇总。2015年我国统计局公开《国家体育产业统计分类》，将《国民经济行业分类》作为前提，把体育产业分类成11个大类，37个中类，52个小类。本文主要学习我国体育产业的分类方式，从管理制度层面把网球产业分类成网球本体产业以及派生产业。前者表示网球运动自身的研发项目，处于整个产业链的主要环节，一般包含网球竞赛表演业以及网球健身娱乐业两部分。后者表示为前者提供服务的网球用品设备、场馆设备和中介业务的汇总，一般包含网球用品设备业、场馆业、相关中介产业、传播媒介业和培训产业等，处于中下游部分。

2.3.2 网球竞赛表演业

2.3.2.1 网球竞赛表演业的概念

　　网球竞赛表演业表示网球组织管理、场馆管理以及有关服务等方面的汇总，是整个产业链的主要部分。网球协会、运动队、俱乐部等筹备开展的竞赛、培训活动，相关社会机构提供的服务，网球场馆运作和管理行为全部都是竞赛表演业的主要方面，主要基于此项运动进行研发的产业方式。竞赛表演业还是整个产业中具备最高知名度、引导力以及影响力的部分，是整个产业的主要构成方面，甚至会左右健身娱乐、场馆筹备、相关产品生产以及产业中介等有关方面的发展。其凭借一定的知名度以及超强的边际效应在整个产业中占领领军地位，是整个产业链的重点以及调度部分。此类竞赛的门票销售、转播权和冠名权销售、商业赞助、周边产品销售，和引导网球项目发展的图书杂志、音像制品等全部是经济效益高的主要产品，具有较高的经济效益。

2.3.2.2 中国网球竞赛表演市场的发展前景

（1）2008年北京奥运会对中国网球竞赛表演市场管理体制的近期影响

为确保2008年北京奥运会准备活动正常完成，我国网球竞赛表演市场管理制度在2008年之前基本维持不变，依旧将政府作为重点。所以，2004年雅典奥运会上我国网球女双获得重要成就，不仅是对国内每一位网球人员拼搏工作的回报，此外也让我国网球进入全新的发展时期。根据网球活动本身的局势进行分析，因为2004年奥运会之后项目标准开始进行改变，促使国内运动员承担较大的负担以及压力，只有不断拼搏才能在北京奥运会上得到良好的成绩。为了得到参加奥运会比赛的资质，国内运动员需要参与比赛来得到充足的积分。在上述状况下，假如缺少充足的资源以及精力，就不能确保准备工作的高效进行。所以，作为网球项目的政府行政部门网球运动管理组织需要持续调节所有资源做好准备工作。因此在一定层面上促使我国网球比赛表演市场的管理制度在北京奥运会以前维持相对稳定，甚至会持续强化政府主导力度。

（2）市场化改革的趋势对中国网球竞赛表演市场管理体制的长期影响

市场化变革依旧是我国改革的主要趋势。基于上述发展走势，体育行政组织对网球的竞赛制度以及运行制度做出相应的改变，也得到了良好的效果，在一定程度上加快了网球事业的长久稳定发展。然而，和我国其余垄断产业（比如电信、交通等行业）相同，我国网球市场甚至当前体育产业的市场化变革力度明显不高，并未从根本上改变目前的制度现状，必须全面发挥出市场对网球赛事资源分配的积极影响。中共中央、国务院2002年7月22日制定的《关于进一步加强和改进新时期体育工作的意见》中清楚提出，"为跟随社会主义市场经济制度的变革，加深国内体育管理制度的改革成为重点"。"十一五"规划站在较高层面行指出："加深文化制度变革，创建依法运作的文化管理制度以及极具魅力的文化产品制造经营制度"，作为当前文化产业重要构成方面的我国网球竞赛表演市场，管理体制度也需要满足"十一五"规划提出的标准。然而，什么时候开始变革，怎样按时完成是理论研究者以及有关工作部门需要尽早处理的关键问题。

从我国经济制度市场化改革的具体进度进行分析，根据网球活动的特征，从长久来看我国网球竞赛表演管理制度的发展也许会出现下面的现象：继续改革不会坚持完全市场化道路，主要是再次强化政府对网球竞赛表演市场的支持、引导以及监管。由于转型国家在世界经济系统中位于弱势，假如政府在国内某产业初始要素不足的时候就马上退出市场、对外开放国门，会导致原本就位于弱势的产业遇到更多问题。在我国网球竞赛表演业进入全球职业市场的时候，因为比赛的组织、宣传和营销活动较少、根基不足，导致国内受到世界网球产业的影响。假如此刻缺少政府的监管以及支持，也许会在一定程度上限制我国现代体育事业的发展。网球竞赛表演制度改革需要依靠政府的调控以及监管，需要改善以及优化政府对网球比赛的引导。上述现象主要是由国内社会制度影响，和发达国家体育事业有明显的不同。

（3）以观赏性为主的职业网球竞赛表演市场难以实现跨越式发展

现在网球竞赛表演业在我国大范围发展的宏观环境以及条件缺少，短时间内无法得到明显的发展。此类表演产品属于"发展性消费"。近期，即便经济发展加快，社会稳定，然而国内民众经济收入不高、根基不足、人数众多，所以综合经济能力无法在短期内得到明显提高。此外，国内社会保障、医疗、住房以及教育制度的变革需要漫长的时间才能顺利完成，因此导致在未来的某个阶段内预防性储蓄依旧会占据居民收入增加额的较大比重，民众边际消费水平不高，一般不会购买相关运动产品。此外，从消费结构上分析，国内现在位于工业化高速发展阶段，对一般顾客来说位于汽车、房屋待购时期，大多数民众选择的消费对象一般是大额耐用产品，网球比赛产品消费并不流行。网球竞赛表演业位于早期阶段，其在后工业化阶段民众进入"寻求生活品质"时期之后才会获得良好的发展。所以，根据当前国内现实经济发展情况进行分析我们就可以知道，产业结构调节以及升级导致网球竞赛表演市场缺少动力，无法在短期内获得较快的发展，当前我国需要在长久的、渐进的时期抓住消费升级以及行业结构调节的机会，汇聚资源促进市场的发展，为未来的发展提供良好的条件。

（4）以参与性为主的业余网球竞赛市场发展潜力巨大

近期，各个行业以及种类的业务比赛不断出现，在数量不断增加的时候，也促进了网球健身娱乐行业的迅猛发展。现在，此项运动的参加者一般都有较高的经济能力，收入较高。目前社会经济稳定进步，人均收入的提升和消费结构的转变，促使网球运动获得良好的发展，参与人数不断增多，最后也会影响网球竞赛表演行业的发展。

2.3.3 网球健身休闲产业

网球健身休闲产业主要将网球运动作为桥梁、以参加体验为重要渠道、以加快身心发展为目标，向普通民众提供有关网球产品与服务的众多经济行为。一般包含网球健身健美、休闲娱乐、培训业务、群众性网球文化表演沟通等相关行为。网球运动在国外被叫作第二大球类项目，此项目的健身作用以及休闲娱乐特点促使其变成大部分人的主要业余活动。网球健身休闲产业是大众多元化体育消费需求和网球供应全面结合的结果，因为此项目职业人员需要与之相关的服务，因此在供需之间催生了网球产业化的全新形式。国内目前进入全面创建小康社会的重要时期，伴随地区经济的进步以及产业的转型升级，广大民众的消费模式以及理念开始出现明显的改变，不断增加的网球健身市场需求促使大量资源进入，网球健身休闲行业开始变成网球产业长久稳定发展的重要动力。发展网球健身休闲行业对改善健身行业内部结构、培养全新产业、加快经济发展等具有明显的实践价值。

2.3.4 网球用品产业

网球用品表示为参与网球活动而买入的产品，主要包含为参与网球运动以及相关休闲活动而买入的相关服装、设施等。此产业是网球行业的关键构成方面，其主要包含网球用品制造业以及销售业。前者表示公司从事与网球相关的服装、鞋袜、基础设施、装备等科研以及生产的经济行为。后者表示网球服装、鞋帽、器材设施、图书、期刊等产品的批发和出售，网球产品贸易和代理服务等相关经贸行为。网球用品产业链体现出不同的层次，也就是从原料棉纱、化纤、橡胶、皮革、钢材、水泥、玻璃等上游行业进入网球服装、鞋帽、器材生产以及场地建筑维护等中游行业，最终步入服装、鞋帽、器材出售等下游行业。近期，伴随网球比赛的增加，相关运动的发展，大众对此类产品的需求持续增多，网球用品行业需要抓住全系的发展机会。目前行业内各个组织开始全面根据网球比赛的关键要素来设计以及研究全新的产品，进一步促进网球产业公司坚持商标战略，研发出技术水平高、产品质量符合要求、竞争能力高的网球产品，持续提高行业竞争能力。

2.3.5 网球中介服务业

网球中介服务业是中介机构或个体为行业内经营主体完成产品买卖，承担媒介责任而提供的中介服务活动以及不同代理业务的汇总。网球中介服务业是上游以及下游之间的桥梁，一般包含赛事经纪业务、健身娱乐引导业务、商务营销业务、网球活动策划业务和监管业务等，目前市场主体一般是与网球主体行业有关的众多公司、个人独立建设的股份制俱乐部以及相关经纪企业。在网球发展水平高的国家，产业中介项目类型较多，活动范围较为广泛。有关中介工作人员职业素养高，此类企业的业务能力整体较高。整个产业中介项目规则清晰，管理机制相对健全和成熟。发展水平高的网球中介行业，专注于发掘网球产业链的经济效益，是整个行业稳定发展的重要动力以及源泉。网球中介行业的对外开放度影响整个行业的发展积极性，甚至和网球资源使用效率以及有关行业的拓展度有关，需要重点维护。网球中介行业的有序度最终会提高整个产业的综合竞争水平，促进行业的稳定发展，另外政府也需要修订高效且成熟的法律条文加强行业监管。

第3章 网球产业发展现状分析

3.1 国内网球产业发展状况研究

3.1.1 我国网球场馆建设状况

网球场馆产业的出现标志着网球运动的产业化。随着中国城市化速度的加快，网球在全国范围内引发了新一轮的发展高潮。基于政府的领导，网球场馆数量日渐增多，建设格局呈现出私有资本与国有资本联合投资的多元化特征。但是，目前网球场馆资源分布失衡，省会城市和经济发达城市的网球场馆相对较多，中西部地区和偏远地区则比较稀少。随着国家体育场馆管理体制的持续改革，网球场馆的经营模式也逐渐由事业导向型转向经营导向型，管理上也逐渐实现了所有权与使用权的分离。

中国的网球场馆主要分布在各个网球协会、活动中心、俱乐部、高校、发展较好的企业以及高端酒店和住宅区。近年来，网球在中国的消费市场逐步趋于稳定。据统计，2010年中国网球人口突破300万，总消费额约为100亿元。网球场馆设施建设发展迅速，但网球产业尚未成熟。我国网球场馆的特征和类型基本相同，但很少有与欧美国家相似的成熟完备的管理思路和体制。本文从有限的研究资料中总结了一些专家及学者的看法：目前，缺少网球场馆，利用率低，缺乏品牌赛事，网球气氛不浓厚，教练员水平能力有限等内部因素，以及网球场馆管理人员短缺，网球市场的充分发展和其他外部因素阻碍着网球在中国的推广和发展。他们提出了对应的解决办法：大力发展短式网球，增设场地，加强教练员的专业能力，合理化收费标准，培养复合型管理人才，积极开拓网球市场，实施社会化管理。一些专家学者认为，目前网球场馆的社会效益和经济效益之间存在冲突，应将承包式管理作为主要的经营模式；在管理措施上，他们认为建立商业性网球俱乐部并实施会员制可以招揽到更多的顾客；业余训练和培训是网球场地的主要收入来源。目前，限制网球消费者参与的原因有：网球作为一项高消费运动，一些低收入人群无力参与；网球是一项高技术要求的体育项目，经历一段初期的训练，新手网球消费者在看不到明显进步时往往会失去信心；此外，个人工作时间、天气因素、同伴选择等原因也削弱了公民的参与积极性。本文建议，应增强大众传媒，改善网球运动氛围，提升消费者的参与意识。有学者分析，网球成本高、健身市场不成熟是导致网球场馆盈利不佳的客观原因；经营者市场观念淡薄、经济体制改革力度不足、管理模式单一落后是影响网球场馆经济效益的主观因素，网球场馆的管理由于众多因素限制而难以实施。网球场馆全年对外开放，运营成本高，消费水平高，限制了低收入人群的参与，利用率低下，取得了普遍的经济效益；室外网球场夏季盈利，冬季亏损，全年收支持平，创收少；定价不合理；教练员水平参差不齐；网球综合资源开发较少；网球俱乐部尚不成熟；缺乏品牌活动，网球赛事赞助团体不多，网球氛围不强；网球比赛节目的收视率低；体育队伍管理模式明显落后；网球人口少，专业化程度低，未充分利用现有资源；网球行业管理浅薄，行业管理人才稀缺。学者曹亚东认为，随着沈阳市经济水平的快速发展，网球场馆投资逐渐增加，场馆数量不断增加，但场馆质量和管理水平仍需提高。学者王锐提出了"以客户为中心"的管理理念，服务第一、顾客至上、网球消费者价值最大化、网球场馆利润最大化是网球场馆管理的最终目标。随着社会的不断发展，体育场馆的运营模式将迎来新的变化，以适应当今新形势和社会形势。在这种适应社会的新环境下，不断发展，将会为体育场馆吸引来更多的人，使其在市场经济的浪潮中更好地实现社会效益和经济效益。

3.1.2 我国网球赛事开展状况

体育赛事是体育产业的核心，是体育产业的主体产业。网球产业作为体育产业的一部分，尤其是网球四大满贯赛事等高水平的竞赛，推动了电视、广播等媒体的发展，同时更加推动了体育赞助、体育广告、体育电视转播等体育产业的发展。

体育赛事是体育产业的核心，是体育产业的主体产业。网球产业作为体育产业的一部分，尤其是网球四大满贯赛事等高水平的竞赛，推动了电视、广播等媒体的发展，同时更加推动了体育赞助、体育广告、体育电视转播等体育产业的发展。在目前，中国体育赛事营销还处于经验积累期，还存在着很多的不完善和不成熟。所以，在体育赛事营销中借鉴相对成熟的企业营销经验是非常重要的。文化营销是现

第3章 网球产业发展现状分析

代企业营销推崇的营销方式之一,是现代企业营销不断发展进步的营销理念,旨在为企业长期稳定健康的发展运营奠定稳健的市场基础和社会环境。文化营销是将文化的因素渗透到营销的整个过程中,提升产品和服务附加值,增强产品和服务竞争力,更好地实现市场交换的一种营销方式。目的是将企业文化营销理念和理论引入体育赛事营销中。

第一届中网是2004年在中国北京举办的。中网对于中国来说,尤其是对于北京来说,是一个外籍舶来品,是一个新鲜的事物。我们知道,四大网球公开赛中最年轻的澳网已有100年的历史了,其他三个赛事都经历了百年以上的历史过程。在百年历史的酝酿中,每一个赛事都沉淀了浓厚的网球文化,美网的热烈,温网的典雅,法网的高贵,澳网的激情。历史悠久的四大满贯赛事到今天,已经不只是体育比赛那样简单了,它们已经变成了一种文化,成为当地市民生活重要的一部分。罗马城不是一夜建成的,中网这个新鲜的事物要在中国扎根成长,必须经过中国文化的洗礼、融合和沉淀。

2004年雅典奥运会,中国网球运动员在女子双打比赛中夺冠。值得一提是2006,中国女子双打在澳大利亚网球公开赛和温布尔登网球公开赛都赢得了冠军。自此,网球在中国的发展可谓是火箭般的速度。目前国内举办大型的具有重要影响力的网球赛事还是集中在北上广,已经在世界上具有非常重要影响力三大网球公开赛分别为广州国际女子网球公开赛、中国网球公开赛和上海网球大师赛。尤其是李娜在2011年李娜取得法网冠军,全中国都掀起了一股网球热潮,武汉、深圳、南昌等各大城市争先恐后地举办网球赛事。这些赛事的成功举办不仅宣传了赛事举办地所在城市,而且也极大地推动了网球运动和网球产业在中国的发展。

目前竞技网球事业得到较快的发展,国内民众业余网球运动成为重要的娱乐方式与渠道。1998年,我国体育总局筹备首届全国业余网球比赛,制定《中国业余网球晋级赛试行办法》。1999年,成都市"水井坊"中国城市业余网球队竞赛开始,开始延伸到国内众多城市,被我国网协称作"中国业余网球传统品牌大赛"。珠海网球精英锦标赛被当作是我国最重要的网球锦标赛,筹备方专注于准备"珠海美食节"。天龙网球目前变成我国最重要的网球装备生产业。天龙网球被当作我国网球队指定用球。现在,国内大部分城市开始创建单独的网球品牌比赛,业余网球获得我国大部分公司的投入,甚至全部业余网球竞赛都获得赞助商的支持。公司的参加为业余网球事业的腾飞带来了动力,为提升国内网球事业的社会化能力奠定良好的物质基础。

3.1.3 我国网球消耗品产业发展现状

网球器材装备是打好网球的基础，网球器材的改良为提高网球爱好者的网球成绩提供了有利的条件，网球器材装备制造产业的发展与网球运动的受欢迎程度息息相关，网球器材装备的改良与发展与网球器材装备制造产业的发展又是密不可分的。

到目前为止，网球用品行业在中国网球行业中所占的比重仍然是最高的，其未来的发展对网球行业的结构调整起着决定性的作用。根据其特点，分析了近年来体育服装制造业的数据和信息，总结了在我国"经济新常态"产业结构调整背景下制约网球体育用品产业发展的主要因素。

（1）经济环境因素：市场管理机制不健全，无形产权保护力度差。相对西方发达国家，我国社会主义市场经济起步晚，诸如由于市场管理规范体系、市场法律保障体系、工商税务等管理措施并不健全。市场中难免会出现一些假冒伪劣、高仿的产品，这些不正当的竞争手段还不能被完全控制住。这往往会使得一些企业的知识产权受到侵犯，产品核心竞争力被严重削弱，这很可能导致企业的收益和研发投入严重不平衡，常常入不敷出，新技术和新材料往往只停留在理论阶段，还无法形成最终的有影响力的产品。与此同时，一些行业标准、国家标准也仅仅停留在文件上，还未能形成约束力和真正有指导意义性的文件，这极大地影响了消费者的信心，影响了我国网球用品市场的良性发育。

（2）产业结构因素：混乱的产业领域定位。体育用品产业需要大量的劳动力资源，根据产业属性分类被划分到第二产业制造业，然而参考我国统计局制定的《关于建立第三产业的统计报告》，把体育产业划分到服务型第三产业。如此，体育产业和用品行业的产业属性存在一定的含糊性。另外，我国统计局对全部国民经济的产业划分都设定了单独的标准化代码。在正式划分过程中，服装制造业包含网球运动鞋服的运动鞋和服装，文教体育用品制造业把体育用品生产涵盖到自身子项目中，因此就导致体育用品和相关子产品运动鞋服被划分到不一样的领域，导致概念上出现一些问题。含糊的产业领域定位甚至导致体育用品公司尤其是有关网球运动设备的生产公司在企业、市场、产品等部分的定位出现问题，在机会较多的经济环境中无法寻找到关键点，也无法寻找到正确的方向，在一定程度上限制了公司的发展和产品创新。

（3）自身因素：创新水平较低，产品技术含量不高，行业竞争水平不高，企业文化缺少。和国外规模庞大的网球用品制造公司比如耐克、阿迪达斯等企业进行比较得知，体育类产品要想顺利完成发展目标就需要提高综合竞争力，需要开展相应的技术创新。上述行业主要公司的相同点是：都建设了独立运营的运动科研部门，科研投资较多，有些超出市场宣传成本以及生产性成本，科学技术创新能力高。目前网络、电子信息科技水平高，逐渐被使用到体育行业，技术含量高的体育产品开始变成行业的主流。领先的鞋服制作材料、体质信息测试系统、运动信息加工和传送技术、可穿戴电子设施等领先技术逐渐被大范围使用到体育用品产业中。对比之后可知，国内网球用品生产公司中，基本上没有创建独立的科研部门，也无法单独研发产品，研究资金较少，基本上只是其余运营活动的零头，大部分都将制造低效益的产品当作重点，得到的经济效益不高。因此导致国内网球产品、体育用品类制造公司在全面自由的行业竞争条件下位于弱势，我国市场份额开始被国外品牌瓜分，出口量较少。此外，和其他国家发展时间较长的体育品制造公司进行比较，国内公司在品牌知名度和文化宣传上存在明显的问题，无法通过文化软实力得到更多的消费者。

3.2 国外网球产业发展状况研究

3.2.1 发达国家网球产业现状分析

网球在西方国家中的发展时间超过130多年，网球在西方国家成为备受认可的项目。因为市场经济模式在体育行业中的应用，网球的商业价值在西方国家被普遍认可以及利用。网球引导其他关联产业的发展，产生以网球为核心产业的主线、以派生产业为辅助的完整链条。网球产业系统在规模以及结构上相对健全。西方国家网球行业的发展体现出下述特征：

第一，网球普及率较高，产业前景较好。国外成熟的社会经济为此项运动的发展奠定良好的物质基础。加拿大网球人口占据国内综合人口的1/8，大小不一的网球俱乐部分散在国内各个地区。在美国，大部分社区都建设了不收费的网球场，美国网球人数较多，超过4000万人。日本也建立了网球学校，建设各种公司网球队，网球人口超出800万。法国大概有8000多家俱乐部，网球人数超出700万。瑞典有5万多名青年网球运动者。澳大利亚是世界网球的朝圣地，还是重要的网球国家，基本上所有人都参与到此项运动中。网球人数体现出整个行业的规模，西方国家的网球人数比例大概是5%，其中英国高于20%。

第二，网球项目体现出明显的职业化特点，相关竞技表演行业发展较快。西方国家具备较高的竞争力，统一的竞赛管理机制以及明显的职业化特点。相关运动员的管理水平较高，运动员的训练形式表现出职业化特征，职业球员以及投资人员能从商业竞赛中得到奖金。瑞士职业选手费德勒在个人比赛过程中得到1.08亿美元的奖励。美国女性运动员小威廉姆斯在个人职业比赛过程中得到8400万美元的经历，经济效益是职业运动员得到良好成绩的主要动力。职业化特点促使西方国家的竞技网球能力持续提升。西方国家具备较强的经济实力，网球比赛运营的规范化机制，充足的奖金效益、门票效益、广告效益、电视转播效益和周边产品的研发，在一定程度上激发了公司投资网球事业的自主性。职业网球赛为西方国家带来较高的经济效益，网球大满贯比赛每年可获得200万名观众，170多个国家的电视广播，为帮助筹备国获得大概150亿美元的经济效益。

第三，体现出明显的商业化特征，网球中介服务产业较快发展。西方国家的专业球员获得良好的训练，公司或俱乐部培训此类球员，两者共享奖金以及广告效益，专业网球的投资者以及参加者的主要目标是得到更高的经济效益。网球锦标赛组织的商业化运营，效益一般包含票务效益、特许产品效益、电视转播权效益、公司赞助以及广告效益，和相关比赛品牌价值、版权等无形资产等部分。业余网球体现出商业化特征，大众在获得培训的时候，感受体育文化，感受运动的乐趣。网球俱乐部是单独运作的经济单位，基本上依靠市场化发展，业余网球宣传晋级赛、球友会、相关俱乐部竞赛都实施商业化运营方式。西方国家的网球中介服务产业发展水平高，产值占据整个产业的60%左右。西方国家的经纪业务较多，一般包含运动员、网球比赛以及组织三类经纪。网球赛事经纪是网球经纪服务产业的核心效益来源，运动员的经纪效益一般源自广告代言以及转会费。西方国家的网球经纪人以及相关企业在宣传以及促进网球赛事发展上具有一定的积极影响。

3.2.2 发达国家网球产业管理体制研究

西方国家网球行业管理体制一般被划分成政府、社区主导型以及两者相融合型三类。政府是网球管理的重要行政部门，创建政府主导的管理制度，主要修订以及践行相关方针政策，配置产业资源，大部分工作由社会组织负责，政府利用立法以及执法监管相关主体的日常运作活动，使用上述管理方式的国家一般是加拿大、俄罗斯、日本等。社团管理体制表示政府不创建独立的管理部门，确保网球工作的自治管理，彰显社会机构以及社团的自我管理功能，强化产业自律，使用此管理方式的国家一般是美国、瑞典、德国等。结合型管理体制表示网球工作由准行政部门以及组织共同负责。使用市场化的企业管理模式，网球俱乐部体制与网球职业联赛体制相对成熟，使用此管理方式的一般是英国、澳大利亚、新西兰等。

网球事业的运营制度在西方国家是以相关公司与经营个人为核心的市场经济制度，以成熟的网球产业市场为引导，以市场主体间的平等竞争为商业效益的动力，重视经济效益以及效益。政府不会影响行业发展，然而对相关主体的产生以及运作和对应的政策举措制定清晰的法律要求。不同国家的网球协会对此运动项目开展相应的监管，网球产业的管理制度体现出一定的社会化特点。国际网球联合会（ITF）、国际职业网球联合会（ATP）以及国际女子职业网球联合会（WTA）主要管理世界网球运动的重要协会。通过长久的发展以及健全，产生以积分为前提、奖金为桥梁、多场地、多层次共同发展的当代职业网球比赛系统。建设以大满贯为顶尖、ATP与WTA巡回赛为中坚、ITF巡回赛为重要前提的金字塔形系统。上述世界网球组织彼此依赖、彼此影响，ITF国际网球联合是全球网球事业发展的主要组织，在上述组织的运营过程中具有引导以及调节功能。ATP与WTA是管理男女专业球员的重要部门，成为球员的代表者，确保所有专业球员的正当利益。上述世界网球组织彼此独立运营，互相合作，在一定程度上加快了全球各国网球产业的发展。

3.2.3 国外网球场馆研究现状

网球出现的时间较长。最初源自公元10世纪，是古希腊、古罗马、古埃及以及阿拉伯人发明的"掌球游戏"。16世纪到17世纪，此运动开始在法国以及英国流行。当代网球属于重要的休闲以及锻炼运动、竞技项目以及社交方式，包含深刻的文化底蕴。在上述时期，网球发展和场地、设施、制度的发展有紧密的联系。

目前，温布尔登网球锦标赛、法国网球公开赛、美国网球以及澳大利亚网球公开赛被叫作全球四大网球公开赛。也是每年全球观看人数最多的网球比赛，全球不同地区的专业球员最终是参加上述比赛。发达国家网球的发展水平高，一般表现在竞技以及业余网球两部分。在竞技网球比赛中，此类国家不只为专业运动员提供充足的奖金，此外也配合研发了和网球有关的广告、彩票、彩票等周边。商业宣传植入到电视广播、规模庞大的体育比赛以及相关体育产业中，商业与体育密切结合。部分高科技和商业利益相融合，且进一步融入网球比赛中，在一定程度上提升了此项运动的发展水平，个人极限不断被突破。在业务网球中，政府也制定了优惠的扶持政策，制定详细的要求和规则。他们合理地管理网球场，吸引更多的人参与网球活动，比如，通过运行网球培训、网球俱乐部、场馆会员制度、租赁场地、更多地增加比赛等等，以形成一个良好的网球氛围，进一步促进网球市场和网球行业。在娱乐大众的同时，欧美国家的体育运动也越来越多地加入商业元素，其中一些可以说是无处不在。澳大利亚网球氛围浓厚，网球历史悠久，网球文化独特，是四大大满贯赛事的重要举办地之一，他们国家非常重视网球的普及，其代表是社区形式网球的发展，政府通过一系列优惠政策为他们提供经济援助。日本网球在亚洲国家发展得非常早，网球的整体水平非常高，日本的网球场馆由两个部分组成，一个是政府，另一个是私人经营。政府经营的网球场馆一般是价格优惠、服务到位的公益事业。私人经营的网球场馆一般属于营利性行业，价格昂贵。日本受地理环境限制，虽然网球场地远不及一些网球大国，网球场地有限，但很多人喜欢打网球，他们只能依靠提高场地利用率来解决。芝加哥最大的网球俱乐部的教练**Butch Staples**提出了"4P"的管理理念，主要从四个方面管理网球场：聪明的员工，一流的设施，创新的培训，有针对性地推广，从而达到良好的盈利效果。

从这一点来看，我们可以看到，国外网球很受欢迎的原因是，除了政府政策和资金，他们加强网球场和体育馆的理性管理，并吸引更多的人参与网球活动，例如，开展网球培训课程、网球俱乐部、场馆会员制度、租赁场地和增加比赛次数等，这形成了一个良好的网球氛围，进一步促进了网球市场和网球产业。

3.2.4　外国网球赛事传播现状研究

3.2.4.1　球员参赛情况分析

从各国网球运动员的对比上进行分析，西方国家网球比赛体现出完善、商业化以及竞争力高的特征。世界顶级选手更侧重于参与四大满贯比赛，吸引大量观众的目光。比如，在澳网、温网、法网、美网等竞赛中，全球排名前二十名球员大多数会参加到竞争中，且凭借个人的专业技能，个人知名度，提升比赛的知名度，最终吸引更多普通民众的重视。此外，专业运动员的参加也在一定程度上促使经济效益得到提高，为比赛的推广奠定良好的基础，在一定程度上为西方国家网球比赛的传播以及扩散提供帮助，也是西方国家赛事成熟的主要因素。

3.2.4.2 赛事开展与收入分析

从本质上分析，四大网球公开赛可以在全球上获得长久且深远的影响，主要是制定了与网球赛事相关的众多规章制度，依赖严苛的管理制度来提升可执行性。比如，美国网球公开赛一般由国家网球协会负责，另外也会修订众多规章制度协助美国网球公开赛提升其世界竞争水平。上述管理机制不只牵扯到工作人员构成以及责任划分，此外对基础设备、资金筹措以及用途有清晰的要求。比如，在澳网中，墨尔本参考自身现实情况，每年给予网球充足的资金，其提出体育设备需要对大众免费开放或优先开放，此外提出超过35岁的公民可以自主选择喜欢的体育比赛，确保赛事传播以及推广的积极氛围。在收入上，其他国家巡回赛的收入种类和我国相比更多，公司赞助收入比重维持在55%左右，比重更加合理。

3.2.4.3 商业赞助分析

在其他国家网球比赛的发展历程中，商业赞助变成最重要的赛事文化，是评估网球比赛历史积累的关键指标，其对提升不同国家网球锦标赛的综合竞争力有积极的效果。在商业赞助角度上，外国公司一般表现在长久合作，获得共同发展，公司为网球比赛的发展提供充足的资金，运动员所具有的知名度以及影响力可以帮助公司得到更高的经济收益以及社会收益。2004年，澳网直接提出"亚太大满贯赛"的宣传语，在上述前提下，和大量公司开展配合，在彼此配合的时候重视澳网的亚太因素。在上述时期，和起亚汽车、玛吉斯轮胎等国外著名公司配合，此外也获得亚洲专业球员以及大量球迷的关注。所以，商业赞助的稳定发展不只表现出澳网海洋文化的特征，此外也表现出国外竞技体育文化所具有的深远影响，体现出不容忽视的实践价值。

3.2.4.4 媒体宣传分析

参考各国网球比赛的宣传条件，西方国家的媒体推广效果较好，且秩序井然，主要和西方国家网球赛事商业化程度有关。比如，作为最重要的职业网球锦标赛，四大满贯位于不同职业网球比赛的前端，不管是受众人数、参加人数、奖金数额、网页点击率、电视收视率或媒体播放率等都位于前端。从媒体推广方式上进行分析，其他国家网球比赛的宣传体现出多样化、多层次、关联紧密的特征，电视、互联网、传统媒介、新媒体综合发展能力高，推广宣传环境较好。现在，媒体推广的高效率以及竞争有一定的联系，其就是获得良好宣传效果的重点。职业网球运动员主要是参加比赛，需要依靠个人良好的成绩获得受众、赞助商、广播企业、推广媒介等相关群体的支持以及认可。其中，明星球员对体育比赛价值的好处无法估计，不管是商业还是公益比赛，大众对明星球员有更大的兴趣。四大网球公开赛因为有众多高质量职业球员参与进来，获得更多的重视，也是竞赛精彩性、高出场率以及高关注度的关键要素。

3.2.4.5 电视转播现状分析

和我国进行比较，其他国家网球比赛的发展时间更长，在电视转播业务上具备明显的优点。根据电视频道的划分进行比较，其和国内存在明显的差异，体现出百家争鸣的状态，不同频道间产生相对积极的竞争联系。在电视转播的时候，不同国家以及地区的酒吧以及俱乐部有数不胜数的观众观看视频，其在观看的时候进行讨论，在一定程度上增加了比赛的乐趣。比如，在场馆筹备上，澳网也单独创建了规模庞大的电视转播俱乐部，专注于为所有观众提供专业服务，确保比赛体现出更强的魅力。这是西方国家网球赛事受众想要参加以及观看网球赛事传播的关键条件。

总而言之，当前国内网球发展水平和国外相比依然有明显的差距，在此后的发展中也需要持续健全。在我国网球竞赛中，因为规模以及影响力，造成全球职业选手的参与兴趣较低，假如发生退出的问题，就会造成国外网球比赛热度开始降低。在收入上，即便各国收入类别大致相似，但是公司赞助效益的比重却有明显的不同，我国赞助效益的比重比国外高。此时，在商业赞助上，我国赞助商的影响力较低，表明我国比赛的制度系统需要继续改善以及优化。从媒体推广层面进行分析，国内通常集使用电视、报纸、广播等渠道，并未高效使用直播等全新渠道，目前国外开始产生相对成熟的媒体宣传系统。在电视广播上，国内大部分将中央电视台为主要媒介，国外可选择类型较多，可以在更多电视频道上转播。

第4章 我国网球产业消费简要分析

4.1 体育消费的概念和功能

4.1.1 体育消费概念

体育消费是居民消费中必不可少的。对于体育消费的概念还没有确切的定义，在国内，因为学者的观点和角度不同而有所不同。

徐钟仁说，体育消费应该包含两个部分，其一应该是体育管理部分的消费，其二是普通居民体育消费。居民体育消费表示满足居民自身生活所需的体育物质产品、劳动产品以及信息产品的汇总。钟天朗提出体育消费是大众在体育生活中的花费。朱柏宁等专家指出，体育消费是大众为了满足个人物质以及精神层面的需求，使用多种方式购买体育产品以及服务的行为。专家指出体育消费包含狭义以及广义两个概念。狭义概念表示直接开展体育活动的民众消费；广义概念表示和体育产业具有一定联系的个人消费活动。杨永德认为，体育消费是为了满足国家体育发展的需要，在体育及与体育相关的各项设施中，对人力、物力、财力的消耗。于振峰则认为，体育消费是为了满足体育消费者身体和精神需求所经历的一系列的行为和过程。他认为，体育消费应该包括两个方面，一是物质消费，二是精神消费。栾开封认为，体育消费应该是指消费者为了使得身体健康而参加体育活动或者是为满足自己的爱好而欣赏体育比赛而进行的一系列的行为过程，他分三个方面对此进行了阐述，一是体育消费的主体，二是消费的形式，三是消费的目的。

综上所述，目前体育消费的定义基本上是基于消费者的消费需求、消费行为和体育相关物质的消费。

一般来说，所谓体育消费是指体育消费者对体育材料的消费过程，概念的含义主要包括三个方面：首先，体育消费是以消费者的消费能力和消费需求为主体的；

其次，体育消费能够使得人们的需求得到一定的满足；最后，体育消费的主体行为与客体行为之间能够产生一定附属关系，换句话说，为了实行体育消费这一过程，就要满足相关的时间和空间问题。居民体育消费的主体是有一定的体育消费能力以及具有相关爱好的个人或者家庭。

4.1.2 体育消费功能

4.1.2.1 体育消费具备经济功能

居民的消费能力在一定程度上可以刺激经济的不断增长，它的带动作用主要体现在以下几个方面：其一，社会的总体需求是由居民的消费所构成的，居民消费的不断增长能够在国民收入上直接体现出；其二，生产是通过消费来实现的。消费需求是最基础的初始变量，它能够带动投资的需求，而投资的需求又对经济的快速增长有直接的拉动作用；其三，人力资本是通过消费创造的。假如没有消费，就不会存在人力资本，更谈不上经济增长了。

体育消费的经济功能表现如下：

（1）居民体育消费是居民消费中至关重要的一部分，它的变化直接影响了GDP。美国学者埃菲·米克估计，1995年美国体育消费额度是1448.48亿美元，占据美国体育总产业的95.3%。假如此比例不变的话，1999年美国的体育消费额度会有1906亿美元，在2004年，体育消费额度将有可能到3812亿美元。1993年，法国人均体育消费额有1316法郎，占总支出的62%，相比其他国家，这个比例已经很高。1997年，洛克·米勒在《体育商业管理》中描述，如今在美国，每挣8美元，其中1美元就会用在体育消费方面，这主要是为了健身和娱乐。根据0.9%的边际消费倾向，体育占美国消费者支出的13.89%。尽管此比例相比法国不是很高，实际上，它也直接说明了美国体育消费的激烈竞争。为扩大包含日本在内的发达国家的消费需求，从而推动经济的不断增加，他们实行了推动体育消费以及体育产业的措施。根据相关数据统计，1998年，我国体育消费总额已经具有1400亿元。2000年，城乡居民家庭体育消费年均为397.42元。虽然，现在我国居民体育消费水平相比不是很高，但是也说明它具有相当大的发掘潜力。假如我国人均体育消费能够有200元，那么全年体育消费总额将会有2613万亿元，这对推动经济的快速发展会有不可估量的作用。

（2）体育消费引导着体育投资和体育生产，它对体育市场和体育产业的发展具

第4章 我国网球产业消费简要分析

有推动作用。以经济角度分析，社会生产主要包括生产、分配、交换和消费四个环节。这些联系可以相互影响和依赖的。其中，生产对消费起着决定性的作用，消费对生产有反影响。然而，马克思曾经说，生产在消费中起着相对的作用，在一定条件下，消费也可以起主导作用。从20世纪90年代中后期开始，我国商品的总供给已远远超过需求，现实中的有效需求不是很多。在这样的环境中，消费在生产和投资中就有了显著的推动作用。不能满足消费的毕竟是投入的生产和投资不够，这就会对市场和产业的发展具有一定的影响作用。这些用在体育消费方面也是一样的，在体育用品的生产过程中，体育消费决定了最终结果。

体育产品价值和使用价值的最终实现是体育生产的发展方向和速度起着至关重要的作用。也就是说，体育消费可以作为验证体育产品质量和结构的有效方法。如果体育消费者对体育产品不满意，那么，已经产出的体育产业结构会很难被消费。换句话说，体育消费的方向能为体育产品的生产部门提出相应的市场需求信息，以及生产量的估算和投资的信息。体育消费的概念是什么，体育消费的能力有多少，在一定能力上取决于体育市场的供给。体育市场的结构和供需总量也决定着体育产业的结构和规模。

（3）体育消费是人力资源的一种投资形式。人力资本投资理论是人力资本理论和经济增长理论分析的基本问题。人力资本的最优投资决策是人力资本投资效率的本质问题。人力资本理论认为，人力资本存在于人体中，能够使已获取的知识、技术、能力和健康质量因素与经济价值有效结合。所以，各种正规教育和在职培训活动的支出均是人力资本投资的一种形式，并且都是为了改善健康、加强学龄前儿童营养、寻找工作和工作流动性的活动。体育消费是人力资本投入的一种方式，它的目的是增强人们的强身健体意识并更有效率地工作或者生活。英国学者格拉顿等通过很多的研究实例证实，经常参与体育活动的人的旷工时间比不参加体育活动的人的旷工时间低33%~51%。现在，已经有很多企业感觉到人力资本在体育投资中的用处。员工体育也已作为现代企业文化建设和无形资产的一个至关重要的一部分。

另外，因目前经济突飞猛进的发展和人民收入的不断提高，中国居民的消费结构将有可能达到第三次升级，换句话说，科学教育、文化、卫生和体育等方面都会有明显的增强，居民的消费结构和体育消费的发展与此消费趋势吻合，因此促进了居民消费结构的升级。另一方面，我们的大部分商品到达买方市场以后，推动了体育消费。体育产业的发展对于增强市场供给方面不仅起着关键性的作用，而且对我国产业结构调整和经济的发展起到至关重要的作用。

4.1.2.2 体育消费的生理及心理功能

1. 体育消费的生理功能

体育运动的其中一个目的就是为了强身健体，它包含了通过体育运动能够使得人们的心情得到舒展、体质得到增强、健康能到得到保障，经过有效的体育锻炼，人们最基本的心愿是为了身心愉悦、强身健体、延缓衰老、预防疾病，这也是人们最基本的为了能够生存和发展的前提。所以，这些最基本的需求也可以认为是生理需求，体育消费的生理功能是满足生理需求的特征。

2. 体育消费的心理功能

体育消费具有一定的心理功能，主要体现为，其可以弱化民众的心理情绪，提升民众的心理素养。参考社会学冲突观点可知，体育属于重要的释放社会能量的方式，假如不进行分散，会在一定程度上影响社会正常秩序。伴随当代社会竞争更加激烈以及日常生活节奏的变快，大众心理相对紧张，体育锻炼是弱化上述紧张情绪的重要方式。在英语中，"Sport"词语不只表示体育锻炼以及竞争，此外也具有"输得起的人或开玩笑的人"等含义。

根据该词汇的含义可知，上述心理特点和体育锻炼存在相应的关系，参与体育锻炼能提升大众的心理素养。运动还能让人维持积极的心态以及乐观的情绪，且调整部分负面情绪与心态，比如心情郁闷，压力过大。实际上，根据实证分析可知，体育锻炼能弱化民众的紧张问题，优化以及提升民众的心理健康水平。

4.1.2.3 体育消费的社会功能

体育消费被众多居民所喜欢，属于重要的社会经济文化现象，其具有较高的能力（文化、体育、健身、娱乐、创新、贡献等）以及重要的精神内涵，变成当代人寻求丰富的精神生活的方式以及渠道，具备突出的社会功能。

（1）运动是当代大众休闲娱乐的关键构成方面，如果说当代社会是休闲社会也许存在一定的夸大因素，然而不可否认的是大部分民众的休闲时间明显增多。另外，目前社会中大部分职业不需要体力劳动，因此体育与娱乐行为成为重点。在目前的社会中，体育不仅能促进大众身体健康，此外也成为重要的生活模式。

（2）体育消费能优化以及改善人际关系，大众参与体育锻炼的现实因素是他们想要和周围同伴或者朋友共同度过休闲的时光，他们重视正常人际关系所获得的心理回报。因为体育体现出群体性以及娱乐性的特征,大众能利用体育锻炼行为加深彼此间的人际关系。

(3)体育消费能建构或者彰显社会身份以及地位。对于不同社会层次的人来说,因为消费水平以及文化理念不同,部分产品成为较高社会地位以及身份的代表,变成重要的象征,体育消费也是这样。乒乓球或者高尔夫俱乐部会员卡则成为重要的身份象征,当前,高尔夫成为潮流以及身份的象征。

4.1.3 网球产业消费

网球消费是人们用金钱购买网球用品的一种经济活动,这是网球产业存在的前提,也是网球产业发展的动力。网球产业的研究必须从网球消费的研究入手。因为网球消费的规模、结构、质量和效益从根本上决定了网球市场和网球产业的规模、结构、质量和效益。马克思曾经说过,生产是直接消费,消费是直接生产,每一方都是它的直接对手。与此同时,他们之间还存在着一种媒介运动。生产的媒介是消费,它创造了消费材料,没有生产,消费就没有目的。但消费也是生产的媒介,因为是消费为产品创造了主体,而产品就是主体的产品,产品在最终确定之时被消费了。

4.2 我国网球产业消费增长的经济基础

4.2.1 我国经济高速、持续增长是网球产业消费增长的基础

改革开放40年来,中国经济保持了高速、持续的增长态势。2017年,国内生产总值增长超过82万亿元,增长6.9%,处于世界的领先地位。中国在世界经济中的比重由11.4%上升到15%左右,对世界经济增长的贡献率超过30%,经济结构发生了重大变化。消费贡献率由54.9%提高到58.8%,服务业比重由45.3%提高到51.6%,成为推动经济增长的源泉。经济的迅速猛增为网球的消费奠定了一定的经济和物质条件。众所周知,网球消费只能在一个衣食无忧的社会中萌芽,才能在一个富裕的社会中活跃,才能在一个富裕的社会中繁荣,这是经济发展的一般规律,不是由人的意志所转移的。

4.2.2 城镇居民收入的持续增长是网球消费的坚实基础

网球是一项城市运动，网球的主要消费群体是城市居民。此外，网球消费是在人们对衣食住行等生存能力满足以外的需求，仅当人们的平均收入水平大于生活所需的消费能力以后，才会逐渐形成的消费能力。真实的网球消费能力不仅仅是对网球的喜爱，而且需要能支付为喜欢网球而产生购买能力。因此，城市居民收入的增加是网球消费的根本保障。改革开放以来，中国城镇居民可支配收入从1978年的不足400元增加到2017年的2万元以上，增长了50多倍。也就是说，我国城镇居民收入水平基本达到小康水平。改革开放40多年来，特别是1990年以后，我国居民的收入水平不断超越小康阶段，这与我国网球消费的形成和快速发展是一致的，也说明城市居民收入的持续增长是实现网球消费需求与支付能力相结合的基础和前提。

4.2.3 城镇居民消费结构不断优化是网球消费增长的直接原因

改革开放以来，城镇居民消费结构由衣食住行逐渐转变为生活资料消费，占城镇居民消费总量的比重不断下降。发展与享受比重明显提高，商品消费比重下降，服务消费比重上升。虽然城市居民用于改善膳食结构和质量的食品支出仍在增加，但其在食品支出中的比重却在迅速下降。城镇居民恩格尔系数从1995年的49.9%下降到2017年的29.3%，历史上首次下降到30%以下，这是中国城市居民富裕生活的重要标志。在一定程度上满足物质生活的基础上，城市居民在服务领域的支出显著增加，尤其是在满足精神生活方面。2017年，城镇居民人均教育、文化、娱乐支出2847元，1979年至2017年年均增长13.1%，人均教育、文化、娱乐支出比重为11.6%，比1978年增长4.2%。2017年，农村居民人均教育、文化、娱乐支出比1986年增长15.3%，人均教育、文化、娱乐支出比1985年增长6.8%。我国城市居民消费结构的变化趋势应该说是我国网球消费增长的直接原因。因为城市居民消费水平的提高，尤其是城市居民所达到的消费水平，使得他们具有一定的网球消费能力，而消费支出结构的变化趋势证明，这种能力在一定程度上可以转化为网球消费。事实上，我国城镇居民人均娱乐、教育、文化服务支出中包含网球消费支出，但由于我国体育产业统计体系尚未建立，这部分消费支出无法单独核算。

4.2.4 城镇居民健康意识和生活质量意识的不断提高是网球消费的潜在动力

目前,国内城市民众的消费需求开始从普通的日常生活物质层面进入到精神层面、服务层面以及文化层面的非物质消费层次。在上述阶段,大众对健康以及生活质量的重视度不断提升,主要是由于经济收入的提升促使消费需求以及结构出现改变。城市民众对健康的重视以及生活质量的重视促使他们提高自身货币支付能力,在当前社会经济环境中,城市民众会通过购买产品来满足对健康以及生活质量的需求,网球消费主要是提升城市民众的健康水平,需求的消费形式也是提升城市民众生活质量的关键内容。其次,对外开放之后,国内对原本的公共医疗以及养老制度做出相应的变革,提出为城市民众分担一些经济压力,为了缩减医疗费用,城市民众开始重视到锻炼身体以及预防疾病的重要性,"与其花钱买药,不如花钱买健康"的观念正在盛行。与此同时,随着我国开放度的不断提高,我国四大网球公开赛等职业网球锦标赛的播出,城市居民的网球消费时尚、消费模式和消费习惯开始与国际潮流同步。这一趋势也加强了中国网球消费的形成。观看网球比赛已经成为城市居民现代生活方式的象征之一。

4.2.5 余暇时间增多为网球消费的形成提供了必要条件

充足的休闲时间是城市民众消费网球的重要基础。对外开放之后,尤其是1990年之后,国内城市民众的工作与家务劳作时间开始减少,空闲时间开始增多,尤其是实施5天工作制之后,大众空闲时间开始持续增多。根据有关专家预估,此后5年,国内人均空闲时间每周超过30小时。站在网球消费者的角度上进行分析,网球产生消费基本上需要3个要素:第一,需要有网球消费市场;第二,这些群体应该有实际支付能力;第三,这些群体应该有更多的休闲时间。三个要素是必不可少的。从这个意义上说,城市居民休闲时间的增加为网球消费的形成和发展创造了客观条件。

4.3 我国网球消费的种类和特征

4.3.1 网球消费的种类

网球消费的种类基于各种标准进行分类。从具体的消费形式进行分析，一般可以被划分成个人、集体以及社会公共三类消费；从消费者得到此类消费材料的形式进行分析，基本上被划分成商品、财政以及强制性三类消费。然而，在网球行业的研究中，网球消费的类型主要是基于个人的支付能力，这与网球市场上购买的网球消费材料不同是有区别的。网球消费主要有两种形式：第一种是实物型网球消费。体育网球消费是指人们用金钱购买与体育活动有关的各种网球材料的消费行为。根据物质产品的使用情况，体育网球消费主要包括网球服装、网球器材、网球纪念品和网球出版物。

实物型网球消费是衡量网球消费水平的重要指标。虽然在功能上与同类物质产品有所替代，但消费者购买的主要动机是参与网球运动。随着人们生活水平的不断提高，这类产品与一般生活必需品的替代会逐渐减少。第二类是非实物型网球消费。非实物型网球消费是指人们用金钱购买网球服务的各种消费材料的行为。它可以分为两类：一是观赏性网球消费。观赏网球消费占网球消费的比重最大。观众（球迷）花钱买票观看和欣赏各种各样的消费者行为，达到视觉神经满足和精神愉悦的目的。例如，观看各级别的网球比赛。观赏性网球消费不仅直接产生网球产业市场，而且从根本上决定了网球比赛的规模和结构；二是参与型网球消费。它是指网球球迷花钱购买网球活动参与权并享受相应服务的消费行为，如直接参加业余网球训练和比赛、参加业余俱乐部会员费、参加各种有偿网球活动等。参与式网球消费是网球消费的重要内容。

当然，网球消费在现实生活中是相互交叉的。一般来说，人们不仅有实物型网球消费，也有非实物型网球消费，既有参与性消费，也有观赏型消费。网球消费分类是网球市场分类的理论前提，也是网球各部门或企业进行产品和服务营销的理论依据。

4.3.2 我国网球消费的特征

网球消费一般属于服务性产品消费，是一种文化消费。分析网球消费的特点，就是要区别于物质消费。一般来说，网球消费具有以下特点：

（1）网球消费具有集中消费的特点。非实物型网球消费是网球产业消费的核心内容，上文也说到观赏性消费和参与性消费。观赏消费和参与性消费都具有集中消费的特点。例如，看一场比赛，一次有几千人，甚至有成千上万的观众，参与具有相似的特征。

（2）网球消费具有忠诚度和习惯性的特点。非实物型消费主要是为了满足人们的享受和发展的消费需求，它不是生存所必需的消费。一个没有看网球比赛和参加网球活动的人也会生活得很好，一个人也可以观看网球比赛和参加网球活动，只有今天或几个月，甚至几年。也就是说，人们是否消费网球的决策取决于自己的意志、兴趣、好恶，甚至是决策的情绪。然而，人们在一般的服装、食品、住房和交通消费中不能那么任性。个人的兴趣爱好和好恶可能会影响消费水平，但它们永远不会停止消费。因此，网球消费是一种具有较大需求弹性的消费。因此，为了培养一个更加稳定的网球消费市场，我们必须培养一个稳定的网球忠实粉丝群体。只有忠于网球，痴迷网球，才有可能形成习惯性的网球消费。

（3）网球消费具有不均衡。受网球消费者个人习惯、时间安排和爱好的影响，以及不同类型网球发展的程度和历史，不同时间和地区的消费者对网球服务的需求呈现出不均衡。例如，春季、夏季和秋季观看和参加网球比赛和活动的消费者多于冬季；消费者更喜欢观看男子网球比赛而不是女子网球比赛；周五晚上、周六和周日观看比赛的消费者多于其他时间观看网球比赛的消费者。这种不均衡的特点是比赛组织者和网球音乐系的服务营销必须加以考虑的。

4.4 我国网球产业消费趋势分析

4.4.1 实物型网球消费需求将迅速增长

体育网球消费需求的持续增多一般表示对相关运动服装、鞋子、基础器材等体育产品的需求不断增多。上述网球实物型体育消费需求增加一般源自下面三部分因素：第一，有关运动服装、鞋子以及相关体育消费材料和运动以及生活有关，此外上述产品的风格、优雅的线条、缤纷的颜色、明显的现代观念、潮流感以及个性，开始得到青少年网球消费者的认可；第二，规模不大的网球设备价格不高，个人可以购买；第三，上述网球设备还是参与网球运动必须购买的产品，所以，伴随网球普及程度的提高和运动人数的增多，实物型网球的消费需求也不断增多。

4.4.2 观赏型网球消费群体将带动整个网球消费快速增长

随着我国网球管理体制改革的进一步深入，网球运行机制的社会化和产业化逐步形成，联赛质量不断提高，网球俱乐部也在不断加大培养忠实球迷的力度。与此同时，一些中间商和网球经纪人也组织了一些精彩的商业网球比赛，以追求利润或营销考虑。其中一些从供给方激活网球赛事市场，在一定程度上满足了球迷对高水平网球赛事的需求。此外，随着我国城市居民消费结构的变化，居民在文化娱乐方面的消费支出也在增加，这必然会形成庞大的网球迷消费群体。未来，随着我国城市居民收入水平的不断提高和消费结构的不断变化，人们对高水平网球赛事的需求将进一步提高。当然，对高水平观赏型网球赛事的需求并不是刚性的需求，而是巨大的消费弹性。如果网球公开赛的质量得不到有效的提高，就很难培养出一批忠实于网球的球迷，而这种潜在的增长趋势也很难成为现实。

4.4.3 参与型网球消费将日趋壮大

参与型网球消费主要是指为了追求健康和娱乐而花钱参加网球活动的人群。这种消费将成为推动网球消费增长的主要力量之一。主要原因有三：第一，中国城市居民生活方式的改变导致了参与型网球消费的快速发展。对外开放四十多年以来，伴随国内社会经济的持续进步，城市民众的经济能力以及消费结构出现明显的改变，造成大众生活模式出现变化。另外，因为工作以及生活压力沉重，行业竞争更加激烈，大众心理上疲惫不堪。参与式网球作为改善健康、消除疲劳、愉悦身心的独特手段，自然成为现代生活方式的重要组成部分。第二，医疗体制的改革刺激了人们对参与型网球消费的需求。随着物质生活越来越丰富，健康成为最宝贵的财富。随着我国医疗体制改革的逐步深入，为了避免高额医疗费用的风险，人们更愿意花钱参加各种体育和健身消费，包括网球参与型消费，以改善健康。第三，国内政府1995年制定的《全民健身计划纲要》明确提出了全民健身工作的目标。在2010年，我国特色全民健身系统基本创建完成，体育开始变成大众日常生活中最重要的部分之一，频繁参与体育活动的人数、国家体育以及健康能力不断提高。此项目的开展为加快参与型网球消费的增长奠定了政策基础。

4.4.4 网球赛事和人口呈激增趋势

网球是最商业化的运动，也是第二受欢迎的球类运动（仅次于足球），它在世界上有很高的关注度。每年，这四项大满贯赛事都会吸引世界各地数以亿计的观众，因此，网球被称为世界上仅次于足球的第二大球类运动。

长久以来，网球在我国都是相对小众的体育活动。最重要的改变是李婷/孙甜甜在雅典奥运会上得到女子双打金牌。当时，我国开始产生举行网球比赛的观念。2011年李娜获得法国网球公开赛冠军之后，我国正式举行网球比赛。从2004年到2010年，仅仅有北京、上海以及广州在我国内地举行此类比赛。但是，在2011年到2016年，武汉、珠海、深圳、天津、南昌等其他地区也开始举办类似比赛。每年9月到10月，我国每周最少举办一次WTA或ATP比赛，也被叫作中国赛季。

2014年，第一届武汉网球公开赛获得经济价值9050万元、产值20 473.85万元、税收1612.85万。当时，票房效益超过1000万元，上座率7.5万人，票房效益和同期中网相比高大概40%。第二届武汉网球公开赛实地观看人数为120 449人，我国电视受众超出4亿。武汉网球公开赛品牌价值高于1亿元，媒体传播价值超出3亿元。该地区直接经济收益超过7.8亿元，获得12.4亿元的间接经济收益。事实上，此类网球比赛只是少部分。

因为举行网球比赛可以得到较高的经济收益，通过长久的发展，国内在数量以及密度上变成全球首位。根据我国体育总局体育有关部门意见，2016年WTA与ATP赛事共同举行的青少年运动会总共超过70场，我国赛季从9月延伸到11月，WTA赛事属于"全线产品"：中网皇冠赛事、珠海年终精英赛、武汉超五赛，广州、深圳、香港、天津、南昌公开赛，其中ATP巡回赛是上海1000分、北京500分和深圳250分。目前，我国网球公开赛是世界上规模最大的比赛之一，成为"四大超级赛事"之一。

我国网球人口不断增多。根据有关部门研究可知，2004年我国内地大概有197万网球迷，2007年大概是400万，2010年初期大概是1200万。当时李娜获得法网冠军之后，人数又一次增多。在2017年初，我国内地的网球热爱者超出3000万关卡。李娜激励更多的青少年参与进来，在武汉、上海、成都等网球资源充足的区域，此项运动成为重要的体育项目。在大部分人的内心深处，网球属于精英项目，只能让少数人参与。目前，此运动逐渐进入到一般民众生活中。不管是退休的老年人群、工作节奏快速的青年人还是在学校学习的少年，更多的人参与到网球运动中。在李娜得到法网冠军的时候，BBC进行预估，李娜夺冠会鼓励1000多万中国民众参加此项目，目前预言开始成为现实。网球属于中产阶级的项目，此后我国参与网球项目的人群一般是中产阶级。《经济学人》预估，在2020年，我国中产阶级人数超出4.7亿。根据英国网球人口比重进行分析，此后我国网球人口也许会高于3000万，和其进行对比，我国网球行业产值超过600亿元。

第5章 我国网球产业发展面临的主要问题

5.1 我国网球产业系统管理体制存在的主要问题

5.1.1 我国网球产业系统思维方式和管理模式方面存在的主要问题

新中国成立以来,尤其是改革开放以来,40多年来我国网球产业在开拓网球市场,扩大网球人口,提高网球比赛产品质量以及推动消费,拉动经济增长等方面取得了显著成绩。尤其在建立新的具有中国特色的管理体制和运行机制,在网球系统内部建立竞争机制、激励机制和约束机制等方面,为其他运动项目产业化改革提供了宝贵的经验和参考,在我国体育与社会主义市场经济体制改革相适应方面起到了排头兵的作用。但在改革过程中,由于我国正处于从传统型社会向现代型社会转变的过渡期,新旧体制之间的矛盾和冲突在所难免,各种利益主体之间的矛盾和冲突不可避免在网球系统表现得尤其明显和突出,制约了网球系统产业化改革的发展步伐。

这些矛盾和冲突首先表现在思维方式和观念上。在思维方式和观念仍习惯于用计划经济的眼光来审视产业化的网球,对网球产业的认识落后、思想观念滞后,网球系统内许多人的思想观念、思维习惯、工作方式还受"计划经济"的惯性支配,具体表现还习惯于按计划经济时的行政指令办事,还沿用着计划经济时代的工作方法,对网球产业的认识落后于网球实践的发展。

管理体制和运动机制上仍存在"双轨制"已不适应网球产业化的发展。"双轨制"的存在必然导致在总局系统内以网管中心的行政管理模式出现,对外则以中国网协的管理体制出现；在国内正式场合用网管中心，在国际上则用中国网协名义。而实际在管理上仍较多地偏重于网管中心的管理体制。行政干预含量较大。使得中国网球产业的管理仍与符合市场规律的管理体制存在较大差距，也使得中国网协章程、各项管理规章制度很难真正发挥应有的作用，一纸行政公文解决和处理市场问题，不愿意或者习惯性地违反市场规律，处理问题简单化，必然造成矛盾重重，甚至激化矛盾，导致我国网球近几年社会大环境没有根本的改善，这样的教训极为深刻。

同时，不能充分发挥符合市场经济规律的合同和契约化管理优势，行政管理色彩过浓，管理网球产业商务方面不尊重与合作方签署的商业合同，赞助商和合作方得不到应有的尊重和地位，签署的合同条款不能严格兑现，缺乏基本的商业诚信，朝令夕改现象也时有发生，造成经济上不必要的损失。

此外，网球社会化的形势已基本形成，但网球管理体制和运行机制的变革尚未到位。网球管理系统已经建立了新的框架，但其运行机制尚未真正形成。目前网球改革正处于关键阶段，新旧体制将长期并存，在此期间会出现一定的政策真空、体制真空和功能真空。如果没有强有力的宏观调控手段和有效的监督约束机制，腐败就会滋生和蔓延，最终影响网球产业化改革的进程。目前，网球管理中心不仅是国家体育总局直属管理机构，也是中国网球协会的常设机构，它被赋予了对项目进行全面管理的职能，它集管理、竞争和管理于一体，如果不能正确定位和把握方向，就不能正确处理改革与发展、地方与整体、权力与利益的关系，网球管理体制和运行机制改革将被推迟。同时，它可能会挫伤社会各界创办网球事业的积极性，延缓我国网球产业化和社会化的发展。

5.1.2 我国网球产业系统管理制度上存在的主要问题

国家体育总局网球运动管理中心（中国网协）在管理制度上，一直沿用具有计划经济时代特征的事业单位制度。换句话说，网球体制在改革，而人力资源制度的改革则落后于网球体制改革的步伐，已不适应我国网球改革的要求。按照行政级别规定，网管中心属正司局级单位，中层副处以上干部均为国家体育总局人事司统一任命，网管中心主任由总局党组任命。这种制度使得干部只能上不能下，一般工作人员只能进不能出，阻碍了人才正常流动，使得网管中心人才结构不合理，人员素质参差不齐，知识结构不合理，不能满足网球进一步深化改革的要求。

第5章 我国网球产业发展面临的主要问题

这种传统的管理制度，只能导致急功近利的后果，制约网球改革的进一步向前发展。因为作为一任由总局任命的管理中心高层领导，由于他们任期有限，任职期间不管是谁在这个岗位上，都自觉地或不自觉地想在任职期间做出一番政绩，这就难免在任期内选择可能有显著成效的短期任务作为自己的工作重点（比如，国家队冲击世界杯及国奥队冲击奥运会等），而很难自觉地按照网球运动的自身规律，去抓一些周期较长，而且是属于基础性的，具有长期效益的工作（比如，青少年网球运动的培养，教练员队伍和裁判员队伍的培养和建设等），造成本末倒置，形成恶性循环。这是近十年来我国屡次冲击四大网球公开赛，多次失败的原因之一，尤其是男网。虽然李娜曾在2011年法网夺冠，但是总体上以网球竞技水平始终没有质的变化。并不是业内人士没有认识到网球运动的规律，大家都清楚青少年后备人才质量不高，培养体系不健全、不完善，教练员水平提不高，网球竞技水平就不可能有质的飞跃。中国网协也多次强调工作重点要转移到青少年网球工作上来，但多年来并没有真正落实。很大一部分原因来自于传统的用人制度不可能形成这样的机制。

在人事管理制度上，工作人员只能进不能出，中层干部中只能上不能下，工作干好干坏一个样，干多干少一个样，未能建立适合事业单位工作人员工作绩效的评定系统，未能真正引入竞争机制、激励机制和淘汰机制。造成该上的人上不去，该下的人下不来，该走的人走不了，该进的人进不来，人才的正常流动被堵死，长此以往，必然出现网管中心人才结构和知识结构的不合理，很难适应网球改革高速向前发展的实践需要。

21世纪是一个竞争空前激烈的时代，竞争的核心在于人才。网球事业也一样，只有拥有一大批一流的各方面的网球专业人才，才能做成一流的网球事业。

5.1.3 我国网球产业系统纵向管理存在的主要问题

在纵向管理上目前主要有两条线，一条线为国家体育总局网球运动管理中心和省市网球运动管理中心的纵向行政管理，另一条线为中国网球协会和省市会员协会及会员俱乐部。实际从纵向管理上主要问题是合理地处理好中国网球协会和省市会员协会及会员俱乐部的关系，省级会员协会和足球重点城市、省会城市会员协会、省市会员协会和会员俱乐部之间的关系。

从中国网球协会章程规定的职责看，中国网协章程中规定的中国网协、省市会员协会和会员俱乐部的任务与职责明确而清楚。中国网协主要是做好我国网球运动普及与提高相关的政策规划、法治建设、发展方向等宏观管理工作，抓好各个年龄段国家队的训练管理，提高我国网球运动水平。但是，在具体实践中，中国网协的工作重心在宏观上精力投入少，在微观上投入多，该管的有时没管，不该管的有时又管得太多。比如，中国网协主办所有全国性的网球大师赛、业余联赛及各级青少年联赛；管理参与网球活动的各类人员和单位的注册工作，包括年龄层次最小的业余网球运动员的注册也得通过省网协在中国网协备案，缴纳一定的注册费用。

这种"大包大揽、一包到底"的管理机制，是没有把中国网协职能准确定位的结果。实际上做了许多省市网协能够胜任和本应由省市网协完成的工作，即所谓越位、错位、缺位、越权现象。这种管理机制，客观上把省市网协置于了一个很难充分发挥自己职能和作用的地位，限制了省市网协发挥主观能动性和创造性空间。实际上等于削弱了省市网协在管辖范围内的威信。形成中国网协宏观管理职能未能充分发挥，地方网协未能充分展现应有微观管理作用，直接影响省市网协的发展和进一步改革。

所谓实体化，指工作人员固定、办公地点固定、经费来源固定，独立核算。目前，就全国整体情况看，省网协中真正能够达到实体化的数量很少，并且相对集中在网球运动开展较好的省份。同时，由于网球改革之初制定了一条依托网球重点城市发展网球的政策，直接吸收重点城市为直属会员协会，这些城市与所在省的省级网协同为中国网协平等会员，客观上引发了省市网协之间的矛盾，制造了本不该有的内部牵制力量，削弱了省市网协工作的积极性。如此看来，中国足协与省网协在相互关系中出现的不太协调的音符，关键是具体操作过程中各自的任务不明确，职责不清楚和具体事务的重复交叉。落实在具体需要解决的问题上就是"宏观上管好"与"微观上放权"。

我国网球的改革过程，实际上是各个集团之间经济利益冲突和权力的再分配。各个不同的利益集团不仅要在矛盾冲突中争取进步，也要在利益平衡中求得发展。重点城市网协，实际上在一个省属的行政区域内出现了平等资格、平等权力、同样性质的两个会员协会，相对于省级足协，特别是省会城市网协，权力范围、经济利益、主导地位等，已经受到了全方位的冲击。

我国职业网球俱乐部直接在我国网协注册，是时又在所属地方会员协会注册，实行双重注册，既是中国网协的会员俱乐部，又是地方所属会员协会的会员俱乐部。职业网球俱乐部从原先由政府直接投资和政府直接管理的省市专业网球队演变而来，目前大多数职业俱乐部都是股份制公司，投资主体的改变，使俱乐部的性质、目标、任务和运作方式发生巨大的变化。虽然从总体上说，中国网协、省市会员协会和职业网球俱乐部，大目标都是为了推动我国网球事业的发展，但在具体目标方面，存在着明显的差异。作为投资足球的企业法人或自然人股东，其投资网球的目的还在于追求利润，通过网球来扩大本企业知名度，从而在市场竞争中获利，遵循利润最大化原则。至于我国网球能否真正走向世界，对投资者来说并不是其主要的目标。因此，由于各自利益上的不一致，必然导致互相之间的冲突，如何将三者的利益一致或达到相对均衡，协调发展是一项十分重要的任务。

5.2 产业人才存在的问题

中国的体育产业，包括网球产业以及专业人才的短缺是不争的事实。有一次，记者问前世界冠军陈静，你在民营体育产业运营中遇到的最大困难是什么？陈静毫不犹豫地回答，专业人才短缺。陈静认为，中国所有从事体育行业的经理人都是"半路出家"。所谓的"半路出家"意味着在目前我国有两种主要类型的人从事体育产业，首先，最初在体育系统工作的人，如体育官员、运动员、教练等等。他们有一个深刻地理解体育本身，但缺乏管理和经济学的知识背景；其次是商人，他们有敏锐的商业意识，了解体育产品。体育产业是盈利的，但对体育和体育产业的特殊性认识不足。

体育经纪在国外已成为一项重要的产业。通过体育经纪公司或体育经纪人的运作，促进体育赛事和表演市场的高效运作。同时，这些经纪公司或经纪人也通过体育经纪活动获得了巨大的经济效益。在中国，虽然近年来出现了一些新的体育经纪公司，但真正合格的体育经纪公司和实力雄厚的经纪公司却寥寥无几。当然，由于制度上的原因，体育经纪人和经纪公司在中国并没有什么可做的。在上海和北京上市的体育经纪公司超过10家，这些体育经纪公司中有一半以上处于亏损状态。

目前，我国体育管理和专业服务人才的缺乏影响着我国体育产业的发展。与其他经济和产业部门相比，我国体育产业缺乏长期的经济不作的理论和实践经验，行政能力强，体育产业和市场的专业化管理队伍较弱。决策或经理不了解经济和市场，但他们却感兴趣，因此，不可避免地会出现教育项目指挥、随机干预的情况。

总的来说，我国网球产业正处于发展的初级阶段。网球行业高素质、创新型人才严重短缺。体育系统行业管理部门的人才不能满足网球行业发展的需要。许多从事网球事业的经理都是退休的网球运动员。虽然他们有一定的技术技能，但缺乏行业管理的专业知识。一些刚毕业的管理专业学生缺乏网球运动方面的知识。

网球人才培养渠道以高校为主。课程体系旨在培养学生的专业技能和学术水平，教学目标主要是掌握网球专项技术，教学内容偏重理论，不注重实践。人才培养模式单一，培养机制创新活力不足，在实际应用领域，培养出适应市场经济需要的学术人才是困难的。

5.3　我国网球产业消费存在的主要问题

我国网球产业消费存在的主要问题有：

5.3.1　网球服务产品供给水平低，不注重培养忠实球迷消费群体

我国网球产业化总体水平较低，网球产业的生产、流通、交换和消费难以通过市场机制联系起来。市场在配置各类网球资源中的基础性作用没有得到有效发挥，市场机制和市场体系也不完善。职业网球俱乐部是政企不分、产权不明、行业垄断严重的行业。职业联赛赛事质量差、管理内容单一、管理模式落后、服务品牌意识淡薄、服务营销和忠诚球迷群体的培养，从供给的角度制约了我国城市居民网球消费的增长。

5.3.2　城市化水平低影响足球消费扩大

发展网球产业，培育网球市场，刺激网球消费，需要城市化提供人口集聚效应和规模效益支持。在引导和刺激居民网球消费方面，城镇化水平较低，主要有三个不利影响：第一，网球产业发展受到制约，网球消费品特别是网球服务消费品供给不足；第二，农村农民收入不高，网球消费难以起步；第三，城乡差距过大，农民的生活方式和消费习惯自然缺乏网球消费需求。目前，中国城镇化率仅为30%左右，远低于发达国家。即使与经济发展水平相近的国家相比，中国的城镇化水平仍然处于较低水平。城镇化水平低也是制约我国城市居民网球消费的重要因素。

5.3.3 余暇时间和网球场地设施不足制约了城镇居民网球参与型消费

除了城市化水平的提高，网球消费的普及也需要时间的保障。人的时间可以分为三个部分：工作时间、休息时间和休闲时间。其中，休闲时间是指除了工作和休息之外，人们可以自由支配的时间。从经济上讲，人对时间的自由支配有两层含义：一是时间可以独立安排；二是时间必须借助金钱来消遣。一般来说，人们会根据经济发展的不同水平在剩余的时间和收入之间做出不同的选择。当人们相对贫穷的时候，他们一般会选择节俭，换句话说，他们会选择劳动，因此会有更少的闲暇时间。只有当收入达到一定水平，人们才能在一定程度上放弃自己的收入，选择更多的休闲，那么网球消费才会有更多的时间保障。此外，网球场地和设施的缺乏也是制约我国城市居民网球消费的一个重要因素。据第四次全国体育场馆普查，我国体育场馆60多万个，人均面积不足1平方米，与发达国家相比，差距是明显的。体育场馆和设施是网球消费的对象和场所。物品和场地的不足必然导致网球消费的不足。

5.4 我国网球市场存在的主要问题

首先，我国国内生产总值（GDP）和居民收入水平的持续和较快速度的增长是网球市场发展的前提条件和根本保证。网球产业的发展一方面可以拉动经济增长，另一方面其本身也依赖经济增长来拉动，没有GDP的持续增长和人们收入水平的不断提高，网球产业的发展和网球市场的繁荣是不可能的。所以，两者之间是互动关系，但后者是基础是前提。

当前，我国仍处于社会主义初级阶段，社会生产力仍欠发达，并且经济发展速度也比较慢，人们生活消费水平也刚开始由温饱型过渡到小康型，所以人们还缺少富余资金进行网球方面的消费。

最后，我国加入WTO对网球市场的影响。随着我国加入WTO，"入世"对我国网球市场发展来说，无疑是利大于弊的。我国"入世"意味着外国企业进入我国网球市场的门槛降低，越来越多的国外企业会借机进军我国网球市场，国内网球市场的企业数量和质量都会因此而得到提高。尽管国内网球企业会面临更为严酷的竞争，甚至会丢失一部分网球市场的份额，但是有竞争才有活力、才有发展。国外企业进军国内网球市场必然带来先进的网球市场开发理念和营销管理经验，这些理念和经验对深入、全面地拓展网球市场，提高国内网球企业的素质，吸引更多的社会投资注入网球市场是有利的。网球市场的发展不能只从供给者的角度来看，还应从对消费者激励和引导的角度来分析。"入世"对国内的网球消费者来说，无论从哪一方面看，他们都将是受益者，而获益的结果是网球消费需求的增加和消费习惯的形成，这一点至关重要。"入世"就是一把双刃剑，把握不好后果将不堪设想。

  网球产业的发展不仅受到国家经济发展水平的影响，而且也受到国家政策的制约和影响。由于目前我国经济发展水平尚不高，市场规范程度不够，使得网球市场的拓展受到制约。比如，电视转播市场，由于国家严格控制，客观上形成系统垄断，造成网球比赛电视转播市场目前尚处在为起飞创造前提条件阶段。另外，有些国家法规政策尚不能适应网球深化改革的需要，比如，我国《公司法》规定2人以上就能组建有限责任公司，客观上造成职业网球俱乐部一股独大，股权过分集中，不仅很难切实形成现代企业制度，使得职业网球俱乐部管理的民主化、科学化程度不高，而且不利于职业网球俱乐部降低经营风险。

  自改革开放以来.我国的体育产业得到迅速的发展。但由于种种原因，在体育产业的发展过程中普遍地存在着重有形资产管理与开发，轻无形资产的开发与监管。这使得体育无形资产的经营管理在一定程度上存在着开发不力、管理不善的问题，影响了我国体育产业化的进程。因此，加强体育无形资产的管理，提高体育无形资产经营和使用的效益，对我国体育事业发展有着重要意义。网球在国际上是一项职业化和商业化程度都很高的运动项目，但在我国却有着另一番景象。由于长期处于计划经济环境中，我国的网球运动发展一直是依靠国家和各地方政府的投入来维持的，自身造血功能基本处于停滞状态。虽然近几年情况有所改善，但整体状况仍不乐观。也正是在这种环境中，我国的网球理论研究只是局限于技术、战术方面，而市场开发方面却还是一片处女地。可以说，目前我国网球市场开发的理论研究基本上都是处于空白状态，这使得网球市场开发过程中若遇到相关问题时无人可问、无资料可查。

第6章 我国网球产业发展对策

6.1 网球产业系统管理的基本对策

6.1.1 网球产业系统管理思维方式和模式的基本对策

首先，按照党的十八大提出的"解放思想、实事求是、与时俱进，开拓创新"的精神，加强社会主义市场经济的学习更新观念和思维方式，以使网球系统的各类从业人员能适应社会主义市场经济的改革步伐，跟上网球产业化改革的形势。在管理体制改革处在攻坚阶段时，能从思维方式和观念上，从运行机制上尊重经济规律，符合市场经济的管理要求，尽量以规章制度、合同和契约等方式管理和协调各方面利益集团；其次，继续深入网球管理体制和运行机制的改革，从目前以侧重行政管理体制的"双轨制"管理模式，逐步过渡以侧重协会管理体制的"双轨制"，最后过渡到适应市场经济和国际惯例的协会制管理体制，实现网球管理体制和运行机制的彻底变革。

需要指出的是，管理体制和运行机制的改革是受到整个国家政治、经济体制和运行机制改革的影响和制约。特别是目前正处于新旧体制的转型期，新体制刚刚萌芽，旧体制还有相当大的势力，而且从某种程度上讲，改革实际上是全国、体育界内部和外部环境利益的重新分配。因此，这一时期将持续相当长的一段时间，在这一过程中仍会出现反复，所以，包括国家体育总局在内的各级体育局和网球行政管理部门，能否下定决心，义无反顾地推进网球管理体制和运行机制转换，对于网球产业管理体制和运行机制的改革能否真正到位，将是我国网球产业化能否实现跨越式发展的决定性因素。

6.1.2 网球产业系统管理制度上的基本对策

首先，从制度上应由目前两块牌子一套人马侧重行政管理，向侧重于协会制管理方式转移，最后过渡到协会制管理的模式。中国网协高层领导，应逐步从由国家体育总局任命，到由国家体育总局提名，中国网协代表大会选举报总局审批，最后过渡到由中国网球协会代表大会选举直接产生中国网协的高级领导层的机制。另外，延长高层领导的任职期，使其能以追求网球事业的真正发展作为自己的事业目标。建立这样的机制，才能从根本上保证中国网协高层领导在决策和考虑问题上能自觉、自愿地遵循网球发展规律，理顺网球事业发展的内在关系，从根本上解决急功近利的恶性循环，真正推动网球事业的发展。

其次，在人事管理上，应逐步摸索出一套适合中国网协工作人员的工作绩效评定系统，引入竞争机制、激励机制和淘汰机制，每年进行工作绩效评定，建立起切实不适合从事网球管理工作的工作人员的退出机制，打开人才流动的出口。

再者，一方面建立面向全社会的公开竞聘工作人员的机制，拓展用人渠道，充分利用社会人力资源，拓宽人才入口，逐渐形成有进有出，能上能下全员聘用制度；另一方面应建立中国网球培训学院，培训我国网球各类专业管理人员，以利于培养高素质的网球专门人才。

6.1.3 网球产业系统纵向管理的基本对策

第一，完善和健全有关规章制度。网球在社会主义市场经济中发展的首要问题是以规章制度、契约和合同的形式来管理。除了继续建章立制外，还应适当调整原有的规章制度。比如，中国网协将俱乐部在我国网协注册改为分别在所在地省市会员协会注册和在中国网协注册，双重注册的办法，有关联赛的事归中国网球协会管理，其他网球事务则仍由当地省市会员协会负责管理，较大程度地缓解了会员俱乐部与当地省市会员协会的矛盾和冲突。完善和健全各项规章制度，逐步走向依靠政策法规、契约、合同的形式来协调各方面的各种关系，从而保证我国网球走向法治化、规范化的轨道。在总结原有经验的基础上，逐步建立起新的与我国社会主义市场经济体制改革相适应的网球制度体系。

第二，建立纵向分级管理制度。中国网球协会能否将权力下放到基层，充分发挥省市成员协会的作用，是直接影响我国网球事业发展的重大问题。值得注意的是，如果不发挥省市会员协会的作用，省市网球协会将失去发展方向，不能成为中国网球协会的坚强后盾。如果没有会员协会的支持，我国网协将像一座没有基础的建筑物一样不稳定，甚至可能崩溃。将权力下放给省、市网球协会，实行纵向分级管理制度是今后必须解决的重要课题。例如：注册，业余运动员的注册应提交候补会员协会办理。教练员和裁判员的培训也可以由初级和中级的会员协会进行。会员协会主要负责当地青少年网球比赛的管理和青年网球运动员的培养，使会员协会有自己固定的网球产业发展空间，通过青年网球比赛产业发展当地网球市场。

6.2 网球产业人才发展的基本对策

6.2.1 注重网球经纪人的职业培训

在现代社会，国家之间的竞争归根结底是人才的竞争。谁想在激烈的竞争中保持有利地位，谁就需要有一支强大的人才队伍。现在，体育产业发展速度加快，已经成为国民经济新的增长点，然而，高水平体育产业人才的匮乏，已经严重影响体育产业发展的水平、速度和规模。为促进我国体育的社会化和产业化，必须高度重视体育高级管理人员的培养。

随着体育产业在社会主义市场经济条件下向更大规模和更高水平的方向发展，对体育经营管理人才数量和质量要求也就越来越高。近年来对珠江三角洲地区体育人才现状的调查研究表明，各级体委管理干部队伍素质不高，该地区7个城市的统计，体育管理干部达到大专以上文化程度的仅占38.5%，有相当一部分管理干部缺乏科学管理知识或是专业知识陈旧。体育经营管理人才目前处于极度缺乏的状态，从事体育经营管理的干部人员多数来自体育行政系统，不仅缺乏必要的专业知识，也不具备相应的经营管理能力。毕竟这是作为一国政府管理的基本原则。当然对于国际体育组织的有关规定，有些冲突可能是理解上的问题。在国内，体育经纪人不管是个体还是独资，都必须是一种经济组织，不能是自然人。事实上，自然人在我国是作为一个民事主体，而不是经济实体，但国外经济实体则可以是自然人。这是一种理解上的错误，当然也有制度和观念方面的深刻背景。

完善的法律制度有利于健康的体育经纪人市场的形成。我国目前还没有相应的法律制度，仍用行政的方式去管理经纪人，体育经纪人都处在无法可依的游兵散勇状态，这无疑在很大程度上限制了经纪人的发展、正确处理运动项目管理中心、单项协会与经纪人三者之间的关系；建立由体育总局登记注册的体育经纪人注册制度，妥善解决经纪资格证书的互认以及外国人经纪问题；确定统一的经纪合同范本及部分内容条款；建立国家工商行政管理部门、体育行政主管部门、体育经纪人协会、各社会团体以及司法、财税、审计等各类监管机构职责明确、相互联系的科学有效的监督管理系统；加强国际交流与合作；从而在体育经纪人的管理中使经纪人的活动步入规范化、法治化的道路，已成为体育走向市场的当务之急。因此，构建符合我国国情的网球经纪人职业培训体系是当务之急。

2006年4月，"体育经纪人"作为一项新职业被劳动和社会保障部纳入第6批新职业。根据国家职业资格证书制度的要求，在国家新职业颁布以后，研制国家职业标准、编写培训教材与试题、开展职业培训、进行职业技能鉴定等环节是相继要开展的工作。构建与完善网球经纪人职业培训制度不仅是国家对体育经纪人职业规范与进一步发展的要求，对于推动网球产业的发展有着重要的意义。

6.2.1.1 促进培训机构的多元化

目前，我国各地体育经纪人职业培训工作基本由地方体育局系统的法规、产业、经济管理部门和地方工商行政管理部门联合举办，也有个别地区体育局把体育经纪人培训工作授权给体育经纪人协会、高等院校等部门，这种政府或准政府部门的网球体育经纪人培训机构往往兼顾培训、考核和发证的"一条龙"工作。由于培训机构单方面垄断着培训资源，不可避免地会出现培训活动以行政指令为导向，忽视网球市场供给与需求的信号，为扩大生源而使得培训、考核流于形式的现象。因此，根据网球职业培训社会化的要求，鼓励社会各界有符合资质的组织开展网球经纪人职业培训是形势所迫，网球经纪人的职业培训必须走多元化道路。

培训机构是网球经纪人职业培训工作中的基地和载体，因此，不但要改变培训机构集中于体育部门的局面，还要改变培训机构自我培训、自我考核、自我认证的管理模式。网球经纪人培训应该向"谁有能力谁培训"的方向发展，同时还要兼顾"统筹规划、合理布局"的方针，网球协会，体育专业的有关高等院校、职业技术学院、中专学校或其他教育培训机构，体育经纪人协会，体育科研机构，体育健身服务场馆、俱乐部等均可从事网球经纪人职业培训活动。由政府授权的独立鉴定考核机构对从业人员的职业技能做出认证，这不仅是体网球经纪人职业培训实施社会化管理的核心，也是国家对开展职业技能鉴定的工作要求。因此，网球经纪人职业培训机构不宜垄断，要走多元化发展之路。

6.2.1.2 切实开展培训需求分析

据有关专业人士分析，现有一些培训机构并没有做到积极了解、明确学员参与网球经纪人培训班的目的和学员的知识技能构成。没有开展培训需求分析，而是盲目地以完成任务为目的甚至个别单位单纯以盈利为目的，没有从学员的需求和利益出发，势必无法提高培训质量，也为网球经纪人队伍建设和体育经纪市场带来消极影响。网球经纪人市场的供给和需求信号是调节和引导网球经纪人职业培训机构活动的主要信号。尽管目前大多数包括网球在内的体育经纪人培训机构不愁生源，但随着培训机构的多元化发展，市场的竞争机制将发挥作用，不能适应市场需求的机构将被重新调整改造，甚至被无情淘汰。为此，必须遵循市场规律开展培训需求分析。培训需求分析是指"在规划与设计每项培训活动之前，由培训部门、主管人员、工作人员等采用各种方法与技术，对组织及其成员的目标、知识、技能等方面进行系统的鉴别与分析，以确定是否需要培训及培训什么内容的一种活动或过程。"现代教育培训理论认为，职业培训是一个系统，这一系统始于对培训需求的分析评价，继而开展确定培训目标、设计选择培训方案、实施培训等步骤，最后是培训效果评估。培训机构要强化培训效果以吸引生源，而开展培训需求分析是加强培训效果的方法之一，也是一项基础环节。培训机构在培训班开展之前须做好培训需求分析工作，开展培训需求分析对于确认培训供给双方差距、制定实现培训目标的途径和方法、预算培训价值和成本及内、外部支持的获取都具有决定性意义。体育经纪人职业培训需求分析主体，应为体育经纪人培训机构，即"谁培训谁做培训需求分析"。需求决定供给，培训机构是满足市场需求的直接供给商、直接信息接受和传达者。因此，培训主体应包括培训部门及其主管人员和工作人员。培训需求分析的主要内容是对体育经纪人培训机构资格的自我评价，包括网球经纪人市场的需要，培训机构的设备、环境、人力、财力、信息各方面的资源状况是否能够满足培训学员的需要等等。对培训学员的需求分析主要是对学员的学习态度、目标及知识技能构成的分析，以便能有的放矢地增强培训效果。在培训需求分析的开展过程中，培训机构可以建立网上咨询系统，为培训需求分析工作提供支持。

6.2.1.3 规范培训师资的来源渠道

培训教师是整个培训过程中的决定性因素，教师的素质与培训效果有关。体育经纪人专业培训管理机构要抓好教师的培养，选拔和发展，努力培养一支具有深厚专业理论基础和丰富网球经纪实践经验的专职教师队伍，以及良好的沟通能力和沟通技巧。鉴于现有的网球经纪人专业培训教师普遍缺乏实践操作经验，专业知识，教学经验，教学态度不够严谨等突出问题，迫切需要建立完善的网球经纪人职业培训教师培训机制和培训教师资格机制。

培训教师有两种方法。一是通过培训单位聘请网球经纪人或相关领域的专家学者，包括在网球经纪人研究和实践方面有丰富成果和经验的专家学者。一般来说，培训机构比较容易对已举办培训课程的教师的教学水平有一定的了解，可以作为评价培训教师教学水平的参考。二是通过对职业体育经纪人培训教师的专业培训和考核。统一的专业机构对教师培训资格的评估和认定，可以在很大程度上避免培训教师的随机招聘，保证教师培训队伍的质量。

6.2.1.4 合理限定培训学员的资格条件

全国网球经纪人职业培训机构对网球经纪人的培训资格没有统一的标准。学历标准不统一的现象最为典型。即使一些省市对受训人员的资格限制，在实施过程中也没有得到严格执行。大多数培训机构和网球经纪人认为，我国网球经纪人的职业培训应限制学生的文化水平，体育经纪人应具有较高的教育水平。体育经纪行业是一个"高度智能化"的行业。网球经纪人往往面临着复杂的工作，要求他具备一定的学识和口才以及"懂天文、懂地理"的技能。以运动员日常事务为例，要求网球经纪人了解生活常识、法律知识、保险知识、财务管理知识，协调好政府与媒体的关系，与不同的个人进行沟通。因此，有必要对网球经纪人职业培训学生的注册条件附加限制性的教育要求。结合我国国情，选择专科院校或同等学历作为体育经纪人职业培训学生的最低学历要求是比较合理的。

6.2.1.5 教学方式力求多样化

为了提升培训效果，充分调动学员的积极性和主动性，在采用传统理论授课的基础上，要大力实行培训方式多样化。

1. 案例研究

案例研究源于哈佛大学的MBA培训，它是结合具体实际案例对教师进行培训的一种方式。它是全世界范围内体育经纪人培训都会普遍会采用的一种方式，是体育经纪人职业生涯中较为合适的培训方法。我们知道，网球经纪人对于实践性的要求是远远高于理论的,所有的理论知识只有和实践紧密结合在一起才能发挥它的作用。通过案例教学,可以有效地将理论知识和实践紧密结合,从而提高学员的学习效率和积极性。此外,案例研究在课堂上就可以实施,对设备、场地的要求相对较低。如果要想对这种掌握得透彻,就要求老师对课程有全面的、深刻的把握,教师要分析课程的重点、难点和关键点,而且要找到与理论知识相符合的案例,避免牵强附会。同时,培训教师要注意案例的普遍性,引起学生的共鸣。

2. 研讨

所谓研讨就是老师和学员对某一个或主题、案例或者问题进行讨论的过程,它可以有效地调动学员的积极性。针对网球产业存在的理论、实践或者典型案例,由学员通过分组的方式进行讨论,而老师主要负责组织、引导以及进行总结。这种方式明显地以学生为本,以解决问题为中心的模式充分展现出了学生的主体地位,也充分挖掘出了学生积极思维能力、解决问题的能力、想象能力和协作能力。相比其他方式,研讨这种形式对设备和环境的要求相对较低,主要在于老师整体的把控。

3. 实践参与

实践参与需要培训机构给出实习期限,安排学员到各体育经纪公司实习。但国内体育经纪公司绝大多数为个体经营者,从自身的利益出发,很难让学员介入其中,并且也难以保证在培训开展期间有活动可让学员参与。因此尽管此种培训方式是让理论指导实践,实践反映理论,达到学以致用目的的最佳方式,也是学员较为喜欢的方式,但是目前在国内推广还是有一定难度的。

4. 多媒体讲座

随着多媒体技术的日益发展,多媒体讲座在教育领域的运用就越广泛而深入,但是就目前而言,在普及网球运动以及产业方面知识时,绝大多数情况下都使用PPT来作为展示的工具,这种单一的教学工具已经远远不能适应目前培训网球产业人才的诸多需求了。在世纪应用中,培训人员应当充分利用多种多媒体技术手段和工具,以丰富性的手段使得呈现在学员面前的是立体化、趣味性内容,这样学员就乐意学,也方便学,充分调动学生的视觉、听觉等感官,直观、生动地表现相对枯燥的教学内容,是提高训练效果和质量的关键之一。

5. 参观见习

在全国范围内,湖南和广州是唯一两个举办体育经纪人培训班的地方。培训班主要以参观运动队和体育用品博览形式为主,而这与真正的网球经纪人的联系并不密切，最终效果也和所预期的有差别。一般而言，对于教练员来讲，他们并不希望运动员和外界有过多的联系，其中的祥由我们不再追究，但是这对网球产业经纪人来讲确实并不是一件好事。因此，对网球经纪人职业化培训中走访学员培训方法的有待进一步探究。

6．情景模拟

这种培训方法就是将经纪活动中出现的实际情况或实际任务转移到课堂上。培训教师提供真实的选题背景材料，学生对这些材料认真分析并依据自己所学知识或者经验再提出解决问题的方法。这种方法更加贴近实际需求，也更能激发学生的面对问题、分析问题和解决问题的能力，也更能调动学生的积极性，不失为一种好的方法。

7．网络远程教学

随着计算技术的发展，这种技术拉近了人与人之间的时间和空间的距离，也颠覆了传统的课堂教学方式，"虚拟课堂""网上教学"在其他学科教学中已经得以广泛而深入地运用。美国体育经纪人的网上教学相对比较发达。他们不仅开设在线课程，而且有来自各行各业的专家定期或不定期地在互联网上回答问题，以解决学生的难题。我国网球经纪人的专业培训可以借鉴美国的教学经验，逐步发展网上网球经纪人的专业培训市场。鉴于目前社会对这种培训模式的信任度还有待提高，这种培训模式的发展还有很长的路要走。

6.2.2　注重后备人才的培养

后备人才的培养是保证我国网球竞技水平可持续发展的战略问题。为了实现我国竞技网球运动的可持续发展，必须从根本上调整训练目标，适时转变职业运动员训练观念，从旧的训练观念向新的职业运动员训练观念转变。同时，运动员的培养模式应从国家安排的培养模式向企业、学校、家庭等社会组织支持的多元化社会化训练模式转变，逐步与国际接轨。加强后备人才基地建设，增加后备人才的管理和投入，建立健全后备人才基地评价标准。关注各年龄段运动员与梯队建设的关系，提高后备人才和精英运动员的数量和质量。

中国女子网球在国际赛场上的突破使人们的期望转向男子网球。只有男女网同步发展，共同提高，才能健康、全面、可持续地发展，真正标志着我国网球整体水平的提高。因此，在保持女子网球现有优势的条件下，应适当倾斜政策和投资于男子，促进男女网球项目的均衡协调发展。

6.2.3 加强网球竞赛教练员队伍建设

教练员是体育运动技术的传授者，教练员直接负责运动训练过程中的组织与领导，运动竞赛的指挥对提高运动技术水平，创造优良成绩起着主导作用。在竞技网球中，教练员的作用更是显得非常重要，大多数职业运动员都会为了提高自己的竞技水平或者某项技术等而不停地更换教练，这在职业网球界已经屡见不鲜。然而在我国，除了少数运动员可以拥有自己的教练员团队，大部分运动员都是固定共同拥有一名教练，教练员的执教水平也不是特别的优秀，每年网球中心还会派送优秀的运动员和教练员去国外学习以提高水平。为加强网球教练员队伍建设：首先，大多数教练来自运动员，属于经验丰富的人才。因此，要引导他们牢固树立科学技术是第一生产力的观念，使他们自觉加强对科学理论的研究同时，应尽可能多地组织继续教育活动，如教练员定期集训、随国家队训练、选拔优秀运动员、出国留学等，通过多种途径促进教练员的持续学习，努力提高教练员科学选择人才的能力。科学培训和科学管理，提高学生的创新能力和教学水平。其次，针对我国网球教练员数量较少，应充分发挥其人才资源优势，鼓励兼职当教练员，培养更多优秀运动员教练员，并将竞争机制引入到教练员队伍当中，促进教练员队伍整体素质的提升。最后，要注重网球教练员的思想政治素质的培育，使我们的教练员队伍牢固树立"为国争光，顽强拼搏"精神，有计划、科学地打造一支高素质的网球教练员队伍。

6.2.4 完善网球运动员培养模式

虽然网球这项运动在我国的发展时间悠久，但是网球这项运动真正进入大众视野中标志性事件是李婷、孙甜甜取得2004年奥运会双打冠军。在这个时期，网球运动员的培养模式是统一的"大家长的模式"，这种模式有其优越的地方，尤其在网球运动在我国发展的初期，资源有限，集中优势资源，全力促进网球运动发展。但是随着网球运动发展和进步，这种模式愈发凸显出了它的弊端，主要就是利益分配的问题，根据当前发展形势，国家体育总局进行了一项创新改革，允许运动员自主发展。在这个阶段，李娜、彭帅、郑洁、晏紫这四位优秀的网球运动员真正实现了网球职业化的道路。但受当时国家发展的内部环境影响，网球运动员职业道路的发展并不完整，这一时期只是我国网球运动员职业道路发展的开始。

职业道路的发展，李娜是网球运动员成功的重要典范，代表了中国网球运动员个人模式的代表，李娜在国际赛场上的成功，超越了国际上对我国网球运动发展的认知，并且在比赛中的成功，李娜也反映了我国网球运动员训练模式的创新。形式取得了突出成就。李娜的成功不仅是她个人网球事业发展的成功，更是一种训练模式的成功，这也掀起了网球运动员训练体制的改革浪潮。随着市场经济的不断发展，体育，作为一种重要的标准来衡量一个国家的综合国力，也渐渐呈现出职业化和商业化的状态。网球运动员在"国际化"过程中不仅仅是技术方面的，财务方面也实现了自给自足的局面；为了技术和财务上的收益，在李娜"单飞"时期，几乎每个周都有重要的比赛，一年重要的赛事多达30多场，这样多的赛事让李娜的眼界、心理、技术都得以迅速发展，在和众多高手对战中不断突破自己，克服自身的局限和缺点，这样，信息资源已经融入职业圈，成为职业圈里的一员，心态和思想已经转变成国外理念，个人的见识和选择教练，制定赛事解决问题能力增强。

2008年注定是不平凡的一年，奥运会成功举办，极大鼓舞了全国人民对于体育运动的热爱。这一年对网球运动和网球运动员来说极为重要，国家开始实行双轨制培养模式，也即是"单飞模式"国家网球运动管理中心的统一管理和培养并存的模式。更为详细地说，网球运动员可依据自身实际情况来选择合适的培养模式。但是，即使网球运动员选择了"单飞模式"也不意味着完全不受国家的统一管理，而是要与国家网球管理中心签订相关协议，这样做的目的是考虑到当国家需要运动员，运动员要无条件地为了祖国的荣誉而出战；此外，网球运动员在签订单飞协议以后，培训、比赛等所有的费用是运动员自身承担的，并且每年还要向网球管理中心缴纳8%~12%的全年收益，作为国家网球管理中心统一管理和培养的相关费用。

从以上论述中可以看出，我国网球运动员"单飞模式"的培养与国外网球运动员的专业训练模式不同。中国"单飞模式"是一种有中国特色的单飞训练模式，不同于国外职业网球运动员的单飞训练模式。在外国网球运动员的培养中，运动员的自主发展水平较高，自主选择训练活动和比赛是外国网球运动员训练模式的重要特征。目前，我国部分运动员也已经开始了单飞模式的培养。李娜，一位网球运动员，是培养个人飞行模式的成功范例之一。单飞模式的成功发展不仅促进了网球运动员的个人发展，而且促进了我国网球运动员综合竞争力的提高。自主化培训模式虽然具有诸多优势，但从我国目前的发展状况来看，还有许多方面有待改进。高培训的成本、运动员的伤害风险以及未来的职业生涯规划都是培训模式面临的主要问题。

因此，在我国网球运动员训练过程中，在"举国体制培养模式"的基础上，并鼓励优秀运动员单飞模式，这样的模式是非常符合我国具体国情的。

我国网球近年来取得了巨大的成就，其蓬勃发展得益于举国体制、市场化运作的共同作用。举国体制在中国网球发展的初期通过对有限资源的强力整合使得网球事业得以起步；而网球事业适时的市场化转型又极大地激发了各参与主体的积极性，实现资源配置优化，这些都有效地促进了网球事业的腾飞。

6.3 网球产业消费发展的基本对策

城市经济的发展续作各种消费的支持，人民群众休闲娱乐的消费是其中重要的一部分。网球消费作为一项健康时尚的消费，对城市经济发展的影响是显而易见的。首先，晚网球消费有助于促进各种与网球运动相关产业，包括网球器材、网球服装、运动饮料、运动视频的生产与经营，以及网球教练、陪练服务业、网球运动员培养产业、网球杂志、图书等文化产业。其次，网球消费可以带动相关产业的发展，从而产生更对的经济效益，比如广告业、餐饮业等，这些网球消费对社会经济发展所起到的作用不言而喻。

6.3.1 增强政府对网球体育市场的影响力

近年来，随着网球运动的深入发展，网球行业也在不断发展壮大。随着网球行业的快速发展，行业内的竞争越来越激烈。利润最大化的目标驱使许多网球组织会专注于吸引富人的活动，而忽视穷人。其中的缘由可从以下几个方面分析：

首先，由于网球被认为具有许多明显的外部性或益处，如改善健康和健全的人格，因此人们认为网球活动在完全竞争的市场中更加有效。

其次，利润最大是厂商追去的目标，这很可能会造成网球赛事的不公，尤其是大部分注意力集中在社会底层人士身上，在自由市场中这些人很难得到同样平等的机会。

最后，部分人会认为网球相关项目可以视为公共财产。比如，省市所属的专业运动队可以给人一种心理价值感，应该归为公共财产。

为了改善由于追求社会利益最大化从而造成自由市场失灵的缺点，政府应积极推动以下措施的实施和推广：

首先，政府可以为网球组织和协会提供各种补贴，以扩大其社会外部性，减少其不平等并提供公共物品。这些补贴可以首先降低体育组织的成本，然后为体育组织提供额外的收入来源或其他资源，例如政府提供的土地或用于体育设施建设的税收。此外，政府也可以直接为体育资源提供一般性运作。

其次，要加快体育设施建设。网球场地和设施是网球运动的消费场所。制约我国城市居民网球消费的重要因素之一是网球场地设施更新不及时，质量不高。除国家投资外，要充分利用市场机制，加快网球场馆设施建设。随着网球市场化和社会化的不断完善，可以调动社会资金建立各种网球场地和设施。中国网络协会应协调各有关部门，鼓励社会资金在社区和居民区建设各类网球场。满足网球消费者的实际需求，这对扩大网球消费具有十分积极的作用。

6.3.2 引导我国居民网球健身消费

6.3.2.1 改进网球消费结构

消费结构是指人们消费行为中不同类型的消费数据所占的比例。比例关系包含各种含义，包括体育消费与劳动消费的比率、各社会群体的消费比率、社会公共分配与个人分配、各种食品、服装、住所、交通、消费行为与消费行为之间的比率，以及人的自然属性和社会属性要求消费关系的比例等。体育消费在上述关系中也占有一定的地位。比如网球消费中有大量的劳务消费，如看四大网球公开赛、大师赛等，到体育场馆参加各种网球娱乐活动的消费，如买网球运动服、网球鞋、网球器材等大量的实物型消费。一般而言，当家庭消费水平低的时候，其中占比较大的是实物型消费。为了提高我国城镇居民网球健身的消费水平，必须改变我国现阶段的网球消费结构，即从物质消费向服务消费转变，主要是让城镇居民在消费性体育场馆参与各种网球娱乐活动。在穿轻便运动服和运动鞋的同时并接受特殊教练的指点与指导，科学地练习。在消费和锻炼的同时，我们应该提高对网球锻炼价值的认识。通过优化网球消费结构，不仅可以提高我国城镇居民的体育健身消费水平，而且可以提高我国城镇居民的身体健康。促进全民健身的广泛发展，逐步形成我国城市居民的终身体育意识。

6.3.2.2 引导居民家庭网球消费

家庭是其成员生活方式的主要载体，家庭也是构成社会最基本的组成单元，也是社会关系中最基本的关系，这些基本的关系主要有父母关系，子女关系，兄弟姐妹关系等；在这个最为基本的组成单元里，有着是社会构成中最基本的细胞，它是由夫妻关系、亲属关系、父亲、母亲、子女、兄弟姐妹或其他亲属关系、嫂子、翁书、婆媳等最基本的单元构成的。在这个单元有丰富的亲属、亲族的亲情活动，有成员间共同的经济活动，还有带有深厚情感的社会性活动。一个人一旦出生，家庭就是他所属的第一个群体。父母是他们直接学习的对象，是他们终身学习的教师。老年人是儿童的启蒙教育者和教育者。生活中的琐事就是教育的内容。处理日常生活的方式就是无形的教育方式。教育的最终目的就是使孩子们身心得以健康地成长。

现代的人们日常工作和学习都较为紧张，压力很大。通过网球运动在锻炼身体的同时也丰富了家庭成员的方式，增强了亲情，和睦了家庭。儿童和青少年是家庭体育中最活跃、最热情的参与者，家庭体育也是教育孩子的最好方法的一种。在运动游戏中，他们的各种本能会不知不觉地显露出来，如奔放、勇敢或怯懦、机智或迟钝、简单或狡猾、支配或谦虚等等，这些性格或者本能在家长面前都会显现出来。父母可以充分观察、理解和掌握自己孩子的兴趣、抱负和个性，潜移默化地引导和教育他们。还可以通过家庭日常活动，为儿童进行遵守纪律、团结、友谊和尊重老人的道德教育。家庭体育是人们实现终身体育的出发点和归宿。人们从家庭进入学校，进入社会，最后回到家庭，无论在什么阶段都应该继续从事体育锻炼，成为终身体育。作为一项有价值的活动，体育有着悠久的历史，找到恰当的方法向青少年灌输"必须终身坚持体育"的意识是绝对有必要的。我们必须培养孩子这种信念：体育锻炼如同食物和睡眠一样对人必不可少。体育运动有助于减缓人们的衰老过程，提升生活质量和品质，保证身体和精神的和谐统一。在孩子的成长期进行网球运动，可以培养孩子的竞争意识、合作意识、目标意识、耐心力、毅力等等，使在童年，适当的网球可以教会他们竞争、分享、合作和遵守规则。在运动中学习的许多技能或者能力对于塑造孩子的健全人格有着非常重要的作用。

6.3.2.3 提升居民网球健身消费意识

体育意识是人们对体育的认识、价值观念以及体育活动的精神和思维体系。在体育实践中，人们对各种信息进行加工、整理和分析，从而逐步认识现象的本质，把握事物发展的规律。体育意识的基本内容主要包括体育认知、体育情感和体育意志三个方面。

其中，体育知识是指人们对体育知识和理论的追求，它与知识的内涵是一致的。

体育情感是指对体育活动的感受和评价，体育意志是体育意识的积极方面，是人们在明确目的的支配下，自觉地确定参与体育活动的目的，克服行动上的障碍和困难，从而达到目的。体育意识对体育情感具有引导和控制作用，而体育意志受体育情感的影响，体育意志对体育情感具有消极影响。这三者相互关联、相互作用，从而形成完整的体育意识。

从供给角度看，发展网球产业是扩大网球消费的关键。从人们的意识角度看，网球消费的增长表明人们对网球的认识有所提高。近年来，网球消费已成为我国大中城市的一个热门话题。网球消费品，尤其是网球服务产品，总体上仍处于短缺状态。城市居民对高质量网球服务的需求日益增长与网球企业实际供给能力之间的矛盾还是较为明显的。因此，制约我国城镇居民网球消费进一步扩大的因素不仅与居民收入水平低有关，而且与网球消费供给能力低有关。因此，要大力发展网球产业，必须要增加我国城镇居民网球健身消费水平。

人类的身心发展取决于社会的进步和自下而上的环境变化。然而，在当今高度物质化和精神化的社会，科学技术的发展不仅带给人们便利，也该人类带来了一系列的难题，如物质资源和生态失衡、风险加大等。科学的健身与锻炼已经成为人们的日常生活中必不可少的一部分。人们对于健康重视程度、投资意识可以说呈现出了前所未有的意识。在全民健身的大背景下，网球运动由于其独特的魅力成为人们的选择之一。

6.3.3 发展网球产业，提高网球消费品的质量，培育忠实的球迷群体

从供给的角度看，扩大网球消费必须着眼于网球产业的发展。目前，中国网球行业整体上还处于起步阶段。网球消费品的质量，特别是网球运动的质量，还不足以满足网球消费者观看高水平网球比赛的需求。提高网球比赛产品质量，提高优质比赛产品的供给是扩大网球消费的重要手段。

从消费的角度来看，鉴于网球观赏消费和参与式消费的特点，并不是刚性和柔性的，我们应该努力培养高素质、忠实的网球爱好者，从而逐步形成一种可持续、稳定的网球消费。

6.3.4 加速城市化进程

随着改革开放进程的加速，社会经济快速发展，我国正处在从"总体小康"向

"全面小康"发展进程中,整体上,人民的收入在稳步地提升,收入的提升也极大地改善了人们的物质生活水平和精神生活水平。这为网球运动的发展奠定了基础。因为网球消费在很大程度上是城市居民消费的一部分,直接关系到城市居民的生活方式。我国农村居民网球消费难以启动,除了低收入的主要因素外,他们的生活环境和生活方式有着直接的关系。加快城市化的步伐,不仅能够把更多的农民带入城市,形成网球消费的新增长点。扩大网球产品的生产空间和范围,直接影响我国居民网球消费的扩大。

6.4 网球市场发展的基本对策

6.4.1 优化网球产业环境,培育多元化市场格局

6.4.1.1 进一步明确网球产业政策体系目标

必须明确政策目标,明确政策目标时,必须明确政策目标完成的期限、达到的程度和预期效果。只有这样,它才能有目的地进行。在网球产业发展过程中,要转变模式,坚持走包容可持续发展道路,这是包括中国在内的广大新兴经济体的必然选择。有必要改变以往的速度模型,使之成为一种质量和效率模型。在发展过程中,既要注意经济效益,也要注意社会效益。虽然以往的政策都包含了政策目标,但可以看出,大多数的政策目标都缺乏明确性,甚至只是一个范围。如果能量化政策目标,效果会更加明显。

6.4.1.2 国家应税收优惠政策,增加资金筹措渠道

在一定的政策范围内,国家可以积极引导和鼓励非政府组织和社会力量开展体育活动,使网球经费来源结构多样化,通过税收政策控制网球产业和经济的稳定、有序地发展。目前,很多体育产业发达的国家都制定并实施一系列了对网球产业的税收优惠政策,以促进网球产业的发展,从而进一步促进本国经济的发展。对于符合政策的企业,我国应进一步推进这一税收优惠政策。同时,对于有实际困难、有利于社会发展的企业,国家应当给予减免税政策,并通过扶持政策积极扶持,促进网球行业相关企业的发展。

6.4.1.3 进一步明确体育产业政策体系的主、客体

政策主体应坚持"统一"的原则，避免"多门政府"现象，通过调查研究，使指定的网球产业政策体系具有科学性、合理性。当前，我国网球产业政策体系的政策主体应坚持"一元化"的原则，进行政府机构改革，以整合人才职能，进一步明确政策主体。建议政策主体应为国家体育总局政策法规部门。

政策目标应该进一步明确。我国网球产业政策体系的目标应该是网球产业中的市场主体（企业经营者、群体和个人），以及市场环境。在制定网球产业政策的过程中，要改变官方主导的方式。由于这种方法缺乏实证依据，应通过调查研究，使网球产业政策体系的制定更加科学合理。

在制定网球产业政策时，为了确保政策科学合理，有关网球部门和社会团体应联合开展调查研究，进行实证研究，这是非常重要的环节。

6.4.2 转变政府职能，完善网球产业服务体系

市场秩序是市场本身和国家通过经济、行政、法律等手段在市场活动中维护买卖双方的正常关系。国家体育总局在维护网球市场秩序的过程中，负责制定网球产品的行业规章和标准，各级体育行政部门根据网球行业规章和有关产品的标准，对网球相关产品质量进行监督管理。管理网球市场，与工商行政管理部门一起维护网球市场秩序。国内外经验告诉我们，推进网球产业化的关键在于政府职能的转变。只有政府逐步从管理不善或不应管理的领域撤出，才能为市场、企业和社会留出足够的空间。

市场不可能通过体育主管部门实现对网球产业的宏观调控。为保证网球产业政策的顺利实施，体育主管部门应合理定位，转变职能。

在管理网球产业的过程中，体育主管部门应首先制定网球市场经济的法律法规和网球产品标准，规范和监督体育市场的秩序。其次，运用网球市场的运行规则和行政手段，对网球市场的违法行为进行仲裁，确保网球市场竞争的公平性和有效性。再次，制定网球产业政策，规范网球市场，确保网球市场的健康运行；最后，参与网球经济运行，开展网球服务产品的公共采购，向社会提供网球服务公共产品；避免和克服市场经济可能带来的短视行为。要努力提高网球产业管理者的素质，促进网球产业的发展。

现行的网球管理体制，使得政府和市场不分割，权利与责任不分割，市场要承

担风险和责任。随着网球经营规模的扩大和社会网球需求的多样化，政府不能承担发展网球业务的无限责任，而应由政府、社会和个人共同承担。政府应将网球经营实体从网球行政管理中完全解脱出来，将政府事务从管理和管理中分离出来，重点培育和发展网球市场，加强监督管理，做好政策引导。

在资源配置方面，改革政府预算内网球投资的方向和策略。政府不可能是唯一和主要的参与者。在大多数领域，市场应该发挥主导作用。政府投入的重点主要是网球基础设施的瓶颈和产业部门：如大型公共网球场馆建设、社区公共网球设施建设、组织开展全民健身活动、网球教育、基础科学研究、社会辅导员队伍建设、cu等。竞技网球后备人才的培养，市场基础差，难以吸引社会资本投资，应由政府承担。各级政府应当根据不同类型网球机构的性质和任务，在预算内分配和管理投资，并根据机构的规模和基础，改变传统的预算内分配投资的方式。政府财政只负责大众网球、学校网球、网球科研及少数难以产业化的重点竞技网球项目投资。另一方面，对社会发展和网球运动发展有较大促进作用的，代表国家整体网球运动水平的高级别国际网球比赛，如奥运会、中国网球公开赛、上海大师赛等重大国际比赛，主要由国家资助出征。要调整国有网球投资经营的战略布局，收缩战线，政府要退出网球的产业化领域。政府只是起宏观调控和财政支持的作用，以解决市场失灵的问题。

各级政府应将网球产业纳入地区产业政策范围，应将网球产业发展、区域经济和社会发展总体规划三者有机结合起来，真正将网球产业政策落到实处，稳定有序地推荐网球产业的发展。此外，应当进一步开放网球市场，营造出透明的、有序的市场准入制度，合理地减轻企业负担，完善网球市场管理制度，严格执行网球产品的国家标准。营造有序的竞争市场环境，建立投资主体和投资渠道多元化的投融资机制，鼓励社会和企业积极参与网球市场的竞争。

6.4.3 发挥网球重大赛事的主导作用和派生产品的拉动作用

6.4.3.1 彰显文化内涵，发挥重大赛事的主导作用

在国际体坛所有运动项目的比赛中，网球比赛的活跃程度是很高的。从1968年规定职业和业余网球运动员均可参加同一比赛以后，网球比赛的次数和名目比以前更多了，有大奖赛、锦标赛、巡回赛、挑战赛、卫星赛等各种形式的比赛。在世界

范围内，这种大型的国际网球赛几乎每周都有。1988年汉城（今首尔）奥运会，网球重又被列为正式比赛项目。目前，世界上每年举行的国际网球赛，男子赛事达到100多次，女子赛事也基本上接近100次。在众多的网球运动赛事中，大都设有高额的奖金，尤其是职业网球选手被允许参加各种网球赛事后，大赛的奖金数额更是逐年增加。以美国网球公开赛为例，第1届美国网球公开赛奖金总额为10万美元，至1982年增加到150万美元。近些年更是大幅增加。2014赛季美网总奖金增至3830万美元，与2013年相比有了11.7%的增长，与2011赛季总奖金相比则提升了65%。男女单打冠军获得的奖金高达300万美元，双打与混双的冠军奖金分别为52万美元和15万美元。2015年，美网总奖金继续提升，达到4300万美元，历史首次突破4000万美元大关。男女单打冠军的奖金也达到330万美元，较2014年增加了30万美元。网球赛事奖金数额庞大，球星的收入自然也就很可观，这便会对更多的人造成吸引，促进世界网球运动的发展，而且网球运动在世界上的影响力也会越来越大。

因此，可以说体育赛事是体育产业的核心，是体育产业的主体产业。网球作为体育产业的一部分，尤其是网球四大满贯赛等高水平的竞赛，推动了电视、广播等媒体的作用，同时更加推动了体育赞助、体育广告、体育电视转播等体育产业的发展。相对网球产业发达的国家，我国网球赛事营销还处在积累期，还存在着很多不完善以及不成熟的地方。所以在体育赛事中借鉴相对成熟的企业营销经验非常重要。文化营销是现代企业营销推崇的营销的重要方式之一，其目的是为企业长期稳定健康的发展运营奠定稳健的市场基础和社会环境。网球运动尤其是重大网球赛事若想在中国扎根生长并壮大，必须要经过中国文化的洗礼、融合和沉淀。

6.4.3.2 派生产品的拉动作用

除了网球竞赛的主导作用外，网球衍生的其他产业也对网球本体产业的发展起到了推动作用。网球媒体（广告）的出现使网球运动、网球明星、网球文化等获得更多的传播和宣传渠道，网球经纪业的出现使网球职业化进程加快，进而促进了网球竞技水平的全面提高。

只有有见识的商人才会看中网球蕴含的商机，大量赞助网球比赛或网球明星，不仅自己的产品得到了宣传，也为网球的发展带来了资金支持；而网球文化的传播也促使了网球产品销量的上升，除了专业的网球器材，但那种简单大方、舒适得体的网球服饰，一直受到很多人尤其是年轻人的青睐。这些行业最初和网球关系其实并不是很大，而正是因为网球包含巨大的商业机遇，才促使这些行业主动接触网球，开发与生产出网球相关产品，在保留其原本属性的同时赋予了网球元素，他们保证的持续健康稳定发展网球，网球注入新的活力，从而实现自己的价值。

6.4.4　提升传媒产业与体育产业资源整合水平

传媒产业与网球市场之间存在着密切的共生关系，二者之间能够很好地相互促进。但实际上，二者的资源整合还远远不够，还有很大的改进空间。

6.4.4.1　提高竞技网球的吸引力

竞技体育之所以能通过电视、广播、报刊、网络等媒体手段吸引公众的注意力，其根本原因在于竞技体育本身的魅力。网球以其力量与美的完美结合，牢牢地吸引了观众的目光。竞争越激烈，它能吸引的注意力越广，它所创造的媒体产品的价值越高，它所创造的经济价值就越大。NBA和CBA联赛、英超联赛和中国超级联赛的区别很好地说明了这一规则。媒体只是一种传播工具，它可以放大事件的亮点，从而扩大事件的影响，提高事件的价值。如果活动本身没有光彩，甚至媒体也无法欢呼。中国超级联赛就是一个典型的例子。"黑哨"等现象严重损害了体育竞赛的公平、公正、公开原则，大大降低了联赛的可信度和观赏价值，造成了大量的观众流失，联赛的商业价值急剧缩水。因此，竞技网球要借力媒体，最主要的还是要提高自身的竞技水平，其次利用媒体平台，达到事半功倍的效果。

6.4.4.2　普及网球知识，打造丰富多彩的网球传媒产品

对于我国网球媒体产业而言，我国网球媒体产品种类偏少，主要集中在竞技网球领域，包括网球竞赛直播、重播、广播和赛事报道等。事实上，网球产业能够向传媒业输出的内容远远不止如此，两者能够深度融合的部分被发掘出的还只是冰山一角。就目前而言，网球运动在我国的发展还不深入，很多群众对这项运动还不非常的了解，参与的积极性并不十分高，这需要传媒业运用各种手段去宣传网球运动，激发民众的热情与参与性。通过宣传"李娜"效应，进一步引发民众对网球运动的热爱，夯实网球运动的群众基础，尤其是在青少年中；引进网球明星，可以发挥网球明星的演示作用，培养广大群众，特别是青少年的斗争精神，同时扩大竞技网球的群众基础；传媒不仅要对专业赛事进行转播，还要对群众的赛事进行转播可以组织和播出群众网球比赛，促进群众网球的发展等。

此外，对于网球运动的媒体传播，也应该仅仅停留在赛事传播上，还应该深度

挖掘赛事所蕴含的能力，积极围绕赛事做一系列娱乐、真人秀等活动，以最大可能地将转播权的成本回收回来，实现网球传媒利益最大化，这对网球运动和传媒业的发展都具有重要的意义。

参考文献

[1] 王樱桃, 覃优军. 我国网球产业链的组成与优化提升研究[J]. 体育文化导刊, 2016, (12): 122-127.

[2] 仪名蕾. 论现代网球运动的贵族内涵[J]. 体育科技文献通报, 2013, 21 (10): 109-111.

[3] 单旭明. 网球之美[J]. 金融博览, 2011, (7): 66-69.

[4] 崔波. 苏南地区普通本科高校网球教学现状及发展对策研究[D]. 苏州大学, 2010.

[5] 尹长春. 浅谈网球运动的发展、特点及身体训练[J]. 当代体育科技, 2012, 2 (6): 23-24.

[6] 王晓红, 徐建荣. 武汉网球公开赛现状及发展对策研究[J]. 中国学校体育（高等教育）, 2014, (10).

[7] 徐祥峰. ITF, ATP, WTA赛事体系与中国职业网球赛事发展战略思考[J]. 武汉体育学院学报, 2014, 48 (2): 72-76.

[8] 王海明, 霍鹏翔, 李屹峰等. 武汉网球公开赛对武汉城市体育发展的影响[J]. 湖北体育科技, 2015, (2): 98-100.

[9] 罗婉红. 我国民族传统体育产业化进程的思考[J]. 搏击（武术科学）, 2011, (7): 87-89.

[10] 于鹏, 段鑫. 浅析我国网球市场存在的问题及对策[J]. 科技创业月刊, 2010, (8).

[11] 李燕燕, 郝英. 论湖北省体育产业比较优势的实现机制[J]. 福建体育科技, 2013, 32 (1): 4-6.

[12] 石宏, 刘飞. 湖北省网球场馆体育消费的调查与分析[J]. 湖北体育科技, 2014, (1).

[13] 朱雄, 徐伟宏. 体育产业创新人才培养模式研究--以武汉体育学院研究生创新创业培养基地建设为例[J]. 体育研究与教育, 2015 (1): 62-65.

[14] 季跃龙. 中国青少年网球运动员培养体制的制度经济学分析[D]. 山西大学, 2011.

[15] 韩振民. 中国网球公开赛对北京市体育产业的影响[J]. 剑南文学, 2011, (2): 211-212.

[16] 王海明. 湖北省竞技网球发展现状及对策研究[J]. 湖北体育科技, 2010, (1).

[17] 裴艳明. 中国网球产业化现状及对策研究[J]. 体育博览, 2011, (19): 51-52.

[18] 黎俊. 我国网球市场现状分析[J]. 才智, 2013, (18): 7-8.

[19] 裘鹏, 付甲. 新时期我国网球职业化管理模式改革的思考[J]. 山东体育科技, 2013, 35

（3）：26-28.

[20]梁高亮，张光伟. 我国女网单飞模式与举国体制辩证关系研究[J]. 河北体育学院学报，2010，24（4）：54-57.

[21]刘青. 论我国网球运动员的培养模式及融入国际职业网球的途径[J]. 河北体育学院学报，2010，24（4）：54-57.

[22]孙宇岸. 论"双轨并存"时期我国网球运动的发展路径[J]. 兰州教育学院学报，2012，28（6）：26-28.

[23]于文谦，戴红磊. 我国职业网球赛事管理研究[J]. 体育文化导刊，2013，3：13-16.

[24]金龙，张皞昕. 中外网球赛事收入模型比较研究[J]. 武汉体育学院学报，2010，44（11）：43-49.

[25]石佳. 武汉城市圈青少年网球后备人才培养现状研究[D]. 武汉体育学院，2014.

[26]李敦厚. 我国体育产业发展的现状及思考[J]. 体育文史，1999，（1）.

[27]徐坟. 体育产业的发展与面临的问题[J]. 广州体育学院学报，1998，（2）.

[28]易春燕. 中国网球运动发展研究[M]. 郑州：河南大学出版社，2014.

[29]孟霞. 现代网球运动全攻略[M]. 北京：中央编译出版社，2015.

[30]杨忠令. 现代网球教程[M]. 杭州：浙江大学出版社，2011.

[31]白永秀等. 市场经济教程[M]. 南京：南京大学出版社，2011.

[32]张岩，柳伯力等. 中国体育市场的理论与实践[M]. 北京：人民体育版社，2000.

[33]杨继瑞，杜伟. 奥运经济[M]. 北京：人民体育出版社，2006.

[34]柳伯力，李万来. 体育产业概论[M]. 上海：复旦大学出版社，2014.

[35]李永禄等. 中国产业经济研究[M]. 成都：西南财经大学出版社，2002.

[36]简新华. 产业经济学[M]. 武汉：武汉大学出版社，2001.

[37]吴健安. 市场营销学[M]. 北京：高等教育出版社，2013.

[38]刘志彪等. 现代产业经济分析[M]. 南京：南京大学出版社，2001.

[39]曹可强. 体育产业概论[M]. 上海：复旦大学出版社，2004.

[40]刘忠，王芬. 市场经济与体育[M]. 北京：北京体育大学出版社，2000.

[41]骆秉全. 新编体育市场营销学[M]. 北京：中华工商联合出版社，2001.

[42]郭国庆，李海洋等. 市场营销学[M]. 武汉：武汉大学出版社，2008.

[43]苏义民，李明等. 体育经济学教程. 武汉：湖北人民出版社，2013.

[44]鲍明晓. 体育产业--新的经济增长点[M]. 北京：人民体育出版社，2002.

[45]张忠元,向洪,等. 体育资本[M]. 北京:中国时代经济出版社,2002.

[46]全国体育院校教材委员会. 体育管理学. 北京:人民体育出版社,2009.

[47]何贤杰,邓国平. 资源与发展[M]. 湖北教育出版社,2007.

[48]李明等. 体育产业学导论[M]. 北京:北京体育大学出版社,2001.

[49]卢泰宏,杨晓燕. 行销[M]. 四川人民出版社,2003.

[30]曲宗湖. 体育产业学导论[M]. 北京:北京体育大学出版社,2011.

[31]吴超林,杨晓生. 体育产业经济学[M]. 北京:高等教育出版社,2004.

[32]向洪沙地. 淘金体育[M]. 上海:经济日报出版社,2004.

[33]钟天朗. 体育经济学概论[M]. 上海:复旦大学出版社,2004.

[34]曹可强. 体育产业概论[M]. 上海:复旦大学出版社,2014.

[35]丛湖平. 体育经济学[M]. 北京:高等教育出版社,2004.

[36]张荣魁. 我国高校网球教学与训练的多维度探析[M]. 长春:吉林大学出版社,2012